만다라 몸의 성취

무동금강 無動金剛

5,200여 자의 금강경을 30회 이상 사경, 좌제도와 태장계 및 금강경 만다라 사경했다.

일반회로 수만 장 공부. 현재 무동금강이라는 명칭으로 카페 금강연화원(https://cafe.naver.com/vajrapadme)를 운영하며 좌회원들과 같이 수행하고 있다.

저서로는 《무동 번뇌를 자르다》, 《밀교 명상의 법》, 《만다라 현현의 법》, 《다차원 우주의 영적 진실》, 《밀교 만다라의 서》 등이 있다.

만다라 몸의 성취

기회로 수행의 실제

무동금강 無動金剛

만다라 몸의 성취

초판 1쇄 인쇄 2022년 06월 10일
초판 1쇄 발행 2022년 06월 24일
지은이 무동금강無動金剛

펴낸이 김양수
책임편집 이정은
편집디자인 권수정
교정교열 임고은

펴낸곳 도서출판 맑은샘
출판등록 제2012-000035
주소 경기도 고양시 일산서구 중앙로 1456(주엽동) 서현프라자 604호
전화 031) 906-5006
팩스 031) 906-5079
홈페이지 www.booksam.kr
블로그 http://blog.naver.com/okbook1234
이메일 okbook1234@naver.com

ISBN 979-11-5778-551-3 (03150)

|목차|

머리말 _9

들어가기에 앞서 _11

1장 좌공부의 기본 개념

1. 좌공부의 소개 _17

2. 좌공부의 변화과정 (모좌운영의 의미) _24

3. 좌공부의 원리 _27

4. 좌공부의 효과 _31

2장 좌공부의 실제

1. 동작 _39

2. 회로 _42

3. 회로의 종류 _44

4. 회로의 분류 _52

5. 사무처리 _55

  1) 기본 사무처리 (기장 정돈) _55

  2) 특수 사무처리 _59

   • 맥 사무처리 _59   • 염 처리 _66

   • 장부 사무처리 _64   • 충잡 사무처리 _66

• 식물계 처리 _71

• 문 사무처리 _74

• 심 게이트 사무처리
  (일명 육근 만다라 사무처리) _77

• 차크라 사무처리 _79

• 선언 사무처리 _103

• 광물계 사무처리 _106

• 귀체 처리 _108

• 정화 사무처리 _114

• 동작 사무처리 _115

• 밀교 응용 사무처리 _118

• 기지도 사무처리 _120

3장 명입력

1. 명입력의 원리 _125

2. 명입력의 구조를 이해해본다 _129

3. 각 사례로 보는 명입력의 실제 – 사례20선 _132

4장 기운영의 실제

1. 기운영의 원리 _155

2. 기운영에서 말하는 기운의 스펙트럼 _157

   1) 좌공부에서 말하는 정보는 무엇인가? _157

   2) 좌공부에서 말하는 '기' _159

   3) 정보와 에너지 _160

3. 지기의 기운영 _164

4. 수행기의 기운영 _166

5. 영적 기운의 기운영 _168

6. 의미의 기운영 _169

7. 용맥 기운영 _170

8. 광역 기운영 _171

9. 초광역 기운영 _172

10 심의 기운영 _173

11. 기운대사를 하게 되는 존재들 _174

12. 보다 효율적인 기운영을 위한 팁 _175

5장 비품

1. 구슬 비품 _183

2. 금강저 비품 _184

3. 특수 비품 _186

4. 비품의 밀교적 의미 _187

6장 특수한 명입력

1. 뇌 사무처리와 뇌 명입력 _193

2. 신경계 사무처리와 명입력 _196

3. 혈맥과 기맥 명입력 _198

4. 뇌 사념 정리 사무처리 및 명입력 _200

5. 관계장 사무처리와 명입력 _203

6. 시공간 명입력 _205

7장 회로의 실제

1. 볼펜회로의 색에 대해 _211

2. 바른 회로의 기준 _216

3. 금강경 사경 _222

4. 범자 사경 _224

5. 좌제도 _225

8장 좌설정

1. 좌명 설정의 의미 _229

2. 좌명의 구조 _231

3. 좌명 설정의 유의할 점 _232

마무리하며 _234

좌공부는 영기 공부, 회로 공부, 기회로 공부, 여의 공부 등으로 불리는 수행 체계이다. 도서 '해인의 비밀'을 통해 이 회로 공부는 널리 알려졌고, 소설의 주인공인 한울 김준원 선생님은 1980년대 국내 도판에서 파란을 일으키셨던 분이다. 2004년 작고하셨다. 대중적으로 한울 김준원 선생님이 유명하나, 그분은 진인 김진영 선생님으로부터 이 회로 공부를 전수받았다고 한다.

한울 김준원 선생님으로부터 여러 회로 공부방이 파생되었고, 무동 역시 영기학 아카데미(現 무천선원)이라는 곳에서 공부를 시작하여 맨 윗대의 공부 방식까지 소상히 알기 어렵다. 다만 이 좌공부는 여러 선생님들을 거치면서 개념이 상세히 나뉘고, 공부 방식이 달라짐에 따라 윗대의 모습은 찾기 어려워졌다고 본다. 정통이라 말하는 곳도 있으나 공부라는 것은 계속적으로 발전하는 것이니 윗대의 방식은 참고할 뿐이고, 본서는 현재 금강연화원에서 행하는 사무처리 기법과 명입력의 종류를 공유함으로써 여의 공부,

영기 공부를 가르치고, 배우고 있는 지도자 선생님들과 도반들에게 많은 이익이 되고자 한다.

이 책은 공부방 계열의 굳이 말하면 4세대이자 막내뻘 되는 '금강연화원'에서 행하는 여러 기법들을 총망라한 것이며, 밀교식 작법과 카발라식 에너지 운용법과 마법적 에너지를 구현하는 것은 모두 별개의 도서로 출간될 예정이다. 그중 밀교식 작법은 '밀교 만다라의 서'에 이미 구현되어 있다.

부모는 자식에게 자신의 유전자를 승계하여, 더욱더 나아가라고 이 세상에 후손을 남긴다. 공부방의 지도 선생님들은 자신의 모든 것을 투입하여 한 명의 오롯한 금강을 만들고자 하며, 그 제자는 또 자신의 모든 것을 오롯이 투입하여 더 우수한 제자를 창출한다. 지식은 보유할 때 영원하지 않으며, 끊이지 않고 이어질 때 그 지식이 다른 지식을 더해 더욱 의미가 배가 된다. 영원한 생명을 얻는 길인 것이다.

이 공부를 남겨주신 진인 김진영 선생님과 이 세상에 널리 퍼뜨려주신 한울 김준원 스승님께 감사의 마음을 표하며, 무천 선원의 무천 선생님께 마음으로부터의 존경과 감사를 드리며 이 책을 헌정하고자 한다.

　기존의 좌공부 관련 도서들이 신비적인 내용으로 사람들의 이목을 끌었다면, 이 책은 회로공부, 우주0기의 공부에 대해 소상한 처리법을 공유하고자 적은 글이니, 그 독자의 대상이 한정적이다 하겠다. 좌공부를 입문하여 동작이 열리신 분들은 동작만으로도 사무처리 및 각종 특수처리법을 할 수 있으나, 공부의 수준이 되지 않은 채 무리한 처리를 하다가는 어둠(지도하는 이가 사무처리를 할 때 발생하는 잡을 '사무명잡'이라 한다)에 잠식될 수 있다.

　사무처리는 여타의 정화 기법처럼 그 반작용이라는 것이 있으나, 사무처리를 할 정도의 수행자는 본인들이 한 회로, 동작, 기운영, 비품 운영들이 본인의 에너지장에 정화 회로를 구족하게 되어 사무처리의 반작용을 소화할 수 있게 된다. 상대방의 100을 덜어냄이 곧 나의 100의 손실이 있는 것이 아니라, 100을 덜어내지만 본인들의 수행공력과 깊은 자비심의 힘으로 단지 1의 손실이 있을까 말까 한 것이 좌공부의 수행인 것이다.

기법은 공부의 경지가 되니 주어지는 것이니, 공부가 되지 않은 상태에서의 기법은 기법을 따라 하기에 가까운 것이라서 그 실질을 기법으로 구현해내지 못한다.

이 책의 출판 의미는 여러 처리법이 공유됨으로써 좌공부 공부 체계에 자극이 되고자 함이고, 좌공부를 모르는 영성인, 명상가, 혹은 좌공부에 편견을 지닌 영성인, 명상가들에게도 좌공부라는 공부 영역이 그 범위가 광활하다는 것을 알려주고 싶은 의도에서 서술되었다.

지도 선생님들은 학생들에게 어떤 편익을 줄까 고민을 하게 된다. 따라서 사무처리 고도화에 대해 고민을 하게 마련이다. 본인 역시 그에 대한 고민을 꽤 오랫동안 해왔고, 지금도 새로운 방법을 개발하기도 하나, 일단 정리하는 차원에서 본서에 고민의 결과, 노력의 결과를 공개하고자 한다.

지도 하시는 분들, 영적 현업에서 치열하게 카르마와 대치하시는 선생님들께 본서의 방법들이 많은 힘이 되었으면 한다.

금강연화원 무동 합장

1장

좌공부의 기본 개념

1.
좌공부의 소개

인간의 에고 및 자아는 가장 깊은 내밀한 흐름이 점차 부상하여 지금의 존재를 형성해온 것이기에 현존 자체가 곧 실존이고, 씨앗이 발아하여 그 성숙함의 끝이 열매로 귀결되는 것처럼 근원이 가장 성숙하게 피워낸 것이 존재이나, 존재가 걸어온 카르마 및 탁한 에너지에 의해 자기를 제한하여 피워내고 있다.

좌공부라는 수행 방식은 이러한 내밀한 흐름을 방해하는 요소들을 사무처리라는 방식으로 정리하여 자기를 피워가는 것이다. 이제 좌공부의 개념과 진행과정을 적어본다.

좌공부란 이 세상 수많은 수행 방식들 참선, 명상, 빛명상, 진언 암송, 호흡수련 등 수행 중의 하나이다. 기의 흐름을 타면서 손이 움직이는 수행이기에 기공과 흡사하지만, 손이 움직이면서 그림을 그리기에 만다라를 관하는 만다라 수행과도 비슷하다. 그러나 정형화된 만다라를 관하는 것이 아닌 내면의 흐름이 외부로 표출되어 자기 자신을 짜나가는 수행이라는 점에서 다른 수행과는 다르다.

이 공부는 동작으로부터 시작한다. 생명은 스스로 완전해지려는 속성으로 에고를 짜서 그 에고를 통해 이 세상에 그물망을 늘어뜨리고 그물망에 걸리는 정보를 통해 스스로 완전해진다. 스스로 완전해지려는 속성이 기운의 흐름을 탄 손짓으로 나오게 되는 것이다.

동작은 모든 설계의 주체인 영혼의 근본 자리에서 나오는 흐름이 손끝으로 표출되는 것이다.

공부의 진행 순서는 다음과 같다.

1) 동작

지도자나 선임자가 동작을 유도한다. 지도자가 손으로 동작을 유도하는 과정과 사무처리 종이라고 하는 16절지 종이 16장의 기운에 의해 수행자의 손이 움직이게 된다.

수행자의 움직임을 동작이라고 하는데, 기공 수련자들이 하는 자발동공과는 양상이 다르다. 기공 수련자는 육체의 기맥을 통해 기운이 흐르면서 움직임이 나오는 데 반해, 좌공부의 수행자들은 에너지장이 반응하면서 장(場, Filed)이 회전하며 동작이 나오게 된다. 자발동공은 오래 하면 손기(損氣)라 하여 기운이 손실되기도 하나, 동작은 사무처리 종이 16장의 보호를 받고 에너지장이 강화되는 방향으로 흐르기에 손기의 가능성이 매우 적다고 할 수 있다.

2) 회로

동작이 익숙해지면 볼펜을 쥐고서 16절지에 회로라는 그림을 그리게 되는데, 이는 동작의 흐름으로 볼펜이라는 도구로 자기 자신을 짜나가는 모습이다.

3) 사무처리의 과정

모든 존재는 스스로 완전해지려고 하는 메커니즘을 갖고 있다. 흔히 인과응보라고 하는 카르마 법칙도 법칙이 바깥에 있는 게 아니라, 자신에게 내재한 생명의 기본 법칙인 것이다. 부담을 스스로 덜어내려고 하기에 외부적 처벌을 원하기도 하고, 혹은 스스로 생명을 제한하여 속죄하는 모습처럼 윤회하기도 한다. 무거운 것은 덜어내려고 하고, 자신의 성장을 위하여 다른 에너지를 취하기도 한다.

좌공부를 하게 되면 무의식적 요소들이 회로로 드러난다. 이 회로들의 양태를 보면 기운을 끌어들이는 것으로 체크되기도 하고 에너지 블록들을 스스로 정리하기도 하여 흔히 말하는 업장이 가장 빠르게 소멸하는 모습을 보인다.

스스로 완전해지고자 하는 본연의 회전력이 강해지면서 기운이 모이게 되는데, 이러한 기운을 정리해주는 작업이 필요하다. 그것을 사무처리라고 한다. 즉 나무가 영양분을 받아 급속히 자랄 때 웃자라는 가지를 쳐주는 작업을 사무처리로 비유할 수 있다. 이를 영성 정돈, 기운 정돈이라고도 한다. 그리고 사무처리를 한 이후에 16절지 종이 16장을 통해 기운이 바르게 운영되게 한다(명입력). 이는 마치 가지를 친 다음에 지지대를 설치하고 비료를 주는 것과 비슷한 과정이다.

4) 기운영과 기대사 및 비품 운영

풀을 먹는 개라고 하여 TV 프로그램에서 본 적이 있다. 프로그램에서는 비타민이 부족하기에 개가 자신에게 무엇이 이로운지 본능(어떤 의미로는 동작)으로 아는 것이라고 나왔었다. 그러나 인간은 맛있어 보이는 색, 맛있는 식감, 달고 매콤한 맛, 기름진 음식 등에 의해 자신에게 무엇이 이로운지 구분할 수 없게 되었다. 카르마, 평생 동안의 습관, 사회적 관습, 인간의 관념들 속에서 '동작'은 사라지고 인간의 영적 대사는 오로지 불필요한 카르마 덩어리만 섭취하는 것과 같기에 존재는 만성적인 영적 결핍에 시달린다.

그 결과로 원인 모를 초조함, 공허감, 무언가 해야 할 것 같은 강박감으로 마음이 불편하고 늘 마음이 분주하게 움직인다. 마음이 편해지고자 하는 명상, 수행조차도 도달해야 할 것 같은 성취의식으로 도전한다.

　동작을 하게 되면 기운이 필요하게 된다. 스스로의 에너지장을 구축하려는 흐름이 구동된다. 집을 지을 때 벽돌과 시멘트 말고도 다양한 마감재 및 인테리어 물건이 필요하듯, 기운이 필요할 때면 기운영을 가게 된다. 특정한 장소에서 기운을 운영하는 것을 기운영이라고 하고, 같이 수행하는 사람들끼리나 자연물과의 기운을 교류하는 기대사라는 것을 하기도 한다. 또한, 특정한 광물이나 물건을 비품이라고 하여 기운을 충당하기도 한다.

　이러한 과정들을 그림으로 설명하면 다음과 같다.

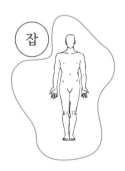

좌공부하기 전의 영기장이다. 잡스러운 기운(잡이라고 표시된 동그라미)이 기장을 침범하고 있고, 에너지장이 많이 찌그러져 있는 상태이다. 이 상태에서 사무처리를 하고 명입력을 한다.

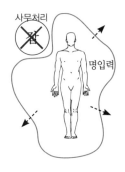

잡을 정리하고 명입력이라는 과정을 하게 되면 스스로 완전해지려는 흐름이 가동된다.

화살표 방향으로 스스로 완전하게 하려는 흐름이 제대로 흘러나와 기장(에너지장, 氣場)을 구성하려고 한다.

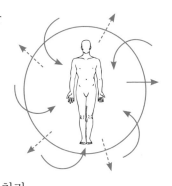

기장이 형성되려고 하면서 기운을 스스로 당기게 되면서(안으로 흐르는 화살표), 확장된다(점선으로 표시된 화살표). 기운영과 기대사와 비품 운영과 회로 및 동작을 통해 스스로 완전해지는 흐름이 강화된다. 잡을 밀어내는 회전력이 가동되고, 사무처리를 통해 잡을 정리하고 기운을 끌어당기는 회전력이 가동되어 회로와 동작과 기운영을 통해 기운을 충당하여 자신의 기장을 완성해 나간다. 그리고 지속적인 명입력을 통해 기장을 정돈하고 가이드하고 컨트롤하게 한다.

기장에 팔방운영체가 형성되면서 기장이 완전해진다. 팔방 운영체가 기장에 운용이 될 때 좌명(좌의 이름)을 설정하게 된다.

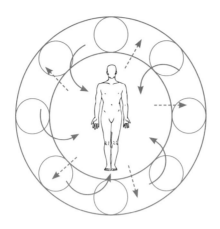

　좌공부는 스스로 완전해지면서 상위의식, 즉 내가 나로 있게 하
는 설계의 주체이자, 가장 깊은 내밀한 흐름이 곧 내게 반영되는 과
정이다. 후술하는 '좌공부의 변화과정'을 보면 좀 더 이해하기 쉽다.

2.
좌공부의 변화과정 (모좌운영의 의미)

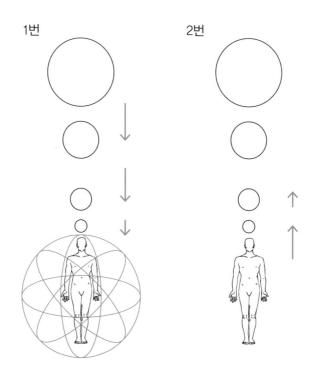

일반적인 공부방식과 좌공부의 공부 진행의 차이점을 도상화한 그림이다.

1번은 좌공부의 진행방식, 2번은 삼매에 들어가서 고요한 입정의 상태에서 상위의식과 일부 접촉하는 일반적인 명상 방식이다.

상위의 의식대를 머리 위에 그려보았다. 상위의 의식대는 실제로 머리 위로 층을 이루어 높이 있지는 않다. 리딩하는 사람의 인식구조에서는 그러할 수 있지만, 에너지의 세계는 원래 무형의 세계다. 무형의 세계를 유형화할 수 있지만, 그것이 실체가 아니라는 철저한 자기 인식이 필요하다.

보통의 공부방식은 2번의 그림에서와같이 상위의 의식대로 접근하는 방식이다. 좀 더 내밀한 경계에 도달하고자 하는 것인데, 다시 말하면 내밀한 경계를 '느끼고자' 수 시간의 명상 끝에 고요해지면서 점진적으로 들어가는 형식이다. 그렇지만 눈을 뜨고 이 세상에 던져지면 느껴지는 대상과 느끼는 주체가 분리되어 있어, 명상이라는 조건이 구족되지 않으면 그 오묘한 경계가 부서지게 된다.

명상이라는 조건에 매여있음, 느껴지는 대상과 느끼는 주체의 분리의식대에서 수행하는 한계점, 그리고 이미 상위의식대에서 세팅하여 조건 지어진 자아가 상위의식대와 접근하려는 한계점 등으로 인해 수행의 성취자가 극히 드문 것이 현실이다.

1번 그림은 좌공부 수행자의 수행 진행방식이다. 상위의식대의 흐름이 현재의 자아를 구성하는 모습이다. 공부가 내밀해지면 미묘한 상위의식대의 나에게 구현된다. 이때를 '모좌운영'이라고 하며 곧 내가 가는 길이 좌가 가는 길이다.

여의는 곧 내가 하는 일이 곧 나의 본연이 하는 일이라고 말한다. 이 말은 그냥 철학이나 사상이 아니다. 좌공부가 진행되면 일어나는 일이다. 이것은 상위의식대의 나들[1]이 곧 나를 통해 드러나는 것이다.

붓디체 – 코잘체 – 멘탈체 – 아스트랄체 – 에텔체와 같은 모든 상위의 나들이 현재의식대의 '명(命)'이 다하면 다른 명을 부여하면서 지금의 나를 다른 명의 길로 열어준다.

---

1 상위의식대의 나들: 서양의 신지학이나 오라리딩을 하는 사람들은 인간의 영적인 체(Body, 體)를 여러 겹으로 이해한다. 인간의 몸은 보이는 육체 말고도 여러 겹의 에너지장으로 이루어진 몸들이 있는데, 그중 에테르체나 아스트랄체가 많이 알려졌다.

3。
좌공부의 원리

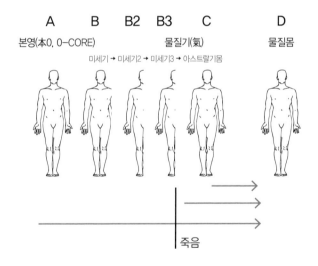

영코어는 다양한 그물을 이 세상에 늘어뜨린다. 청어를 잡을 수 있는, 혹은 새우를 잡을 수 있는 그물을 내려뜨려 그 그물에 잡히는 물고기를 잡는다. 인간의 에고는 특정 조건을 세팅하고 세상 속

에서 그 조건에 부합되는 정보를 받아들이게 되어 있다.

동작을 하면 영코어로부터 시작한 흐름이 나와서 영적인 몸들을 제도해나간다. 인간의 몸은 멘탈체→아스트랄체→에테르체 등등의 체(Body)를 거쳐 인간의 물질 몸에 도달하는데, 보통 기공에서 말하는 기운은 에테르체, 즉 기경팔맥을 흐르는 기운이고, 인도에서 말하는 프라나는 아스트랄바디에 흐르는 나디-수슘나 체계이다.

이렇게 인간의 몸은 여러 바디로 되어 있는데, 삼매에 들어간다고 함은 보통 물질의 몸체가 아스트랄이나 그 이상 깊은 영역에 도달함을 뜻한다.

그러나 좌공부의 동작을 하게 되면 영코어의 흐름이 각 바디 수준을 제도[2]해나가기 시작한다.

제도가 그림의 C 수준에서 집중적으로 되어가는 사람도 있고, 보다 미세한 충차의 기운대에서 신체를 짜나가는 사람도 있다. 공부방의 의식 수준에 따라 제도의 깊이가 다르다.

---

2 제도: 사전적 의미로는 도면을 그린다는 의미로 쓰이나 여기서는 스스로의 에너지장을 짜나간다는 의미이다.

보통의 명상, 삼매의 방식은 스스로를 완전하게 하는 것보다 불안함을 느끼는 D, 즉 물질 몸의 불안정함을 해소하고자 C 이상의 깊이에 들어감을 뜻한다. 그러나 깊이 들어간다고 해도 근본적인 불안감은 해소될 수 없다.

B1, B2, B3, C 등의 불안전함, 스스로 완전하게 짜나가려는 욕구는 에고의 영역 D에게 체험을 요구한다. 보다 강한 에고로 보다 큰 분란을 일으켜 정보를 크게 받아들이려는 메커니즘으로 인해, 불안함은 자꾸 외부로 의식을 쏘다니게 한다.

그림에서 화살표는 설계하고 짜나가는 흐름을 뜻한다. 영코어의 흐름은 B1, B2, B3의 각 바디를 스스로 보완하고 더 확충하기에 에고의 영역 D는 불안함과 초조함이 가라앉는다. 제도의 깊이가 육체적인 부분에 한정될 때, 즉 아스트랄-에테르 수준에서만 제도가 될 때 윤회 속에서 공력이 파괴된다.

인간의 의식은 불교 유식학에서는 눈, 코, 입, 귀, 피부 등의 다섯 가지 육체에 기반한 다섯 가지 의식경계를 분별하여(意識) 안식, 비식, 설식, 이식, 촉식 그리고 의식 등 여섯 가지 의식경계로 나눈다. 또한, 도가에서는 인간의 육적인 에너지 층을 신기정의 정(精)으로 보고 영·혼·백 중에서 백(魄)으로 본다.

인간의 육신이 바스라지면 이 육신에 해당하는 공력들은 소멸한다. 그러나 제도가 영코어와 이에 근접한 카르마띠, 그리고 B1, B2, B3 등등의 미세바디에서 이루어지면 윤회 속에서 공력은 소멸하지 않는다. 기(氣)가 물질기가 아니기 때문이다.

그림에서 죽음이라는 검정선 이후의 체에 누적된 공력은 소멸하나, 그 이상 층에서 제도된 에너지 층은 그대로 가져갈 수 있다.

4.
좌공부의 효과

    좌공부의 좌(座)는 내가 어디에 자리하고 있느냐의 좌(座)이다. 우주는 거대한 만다라의 구조이며, 하나의 별은 다른 별을 돌고 있으며, 떠돌이 별처럼 보이는 혜성조차도 궤도가 있어 우주의 질서를 이루고 있다. 좌는 사회적으로 내가 어디에 있느냐의 좌로도 이해가 되지만, 영적인 의미에서의 좌는 조화로움에 기여하는 것이며, 그때의 작은 만다라(좌)는 그 크기와 상관없이 완전한 만다라의 부분이니 미시의 만다라 자체가 완전한 만다라인 것이다.

    존재의 자리를 '좌'라 하며 별의 궤도가 안정화 되어 우주적 운행에 동참하는 것과 같이 조화로움이 될 때 그 이름을 '좌명'이라 한다. 이 영적 진화의 경로에 이름을 붙이는 것을 좌명이라 한다.

    좌공부는 동작이 회전력이 강해지는 회전 모양이 많이 나오고,

회로 자체도 회전력을 강화하게 하는 볼펜을 도구로 쓰다 보니, 이 공부 자체는 회전력 수행이라고도 말할 수 있다. 거시 세계의 항성과 행성이 자전과 공전을 하고, 미시구조적으로 봐도 원자와 전자는 스핀 운동을 한다. 거대한 우주의 운행을 보면 공전과 자전으로 운행되고 있음을 알며, 존재의 가장 미시적인 것도 회전파, 스핀파로 이루어짐을 알 수 있다. 영적인 극미세 입자들도(불교식으로 말하면 오온, 업종자) 파동으로 이루어져 있다.

좌공부를 하다 보면 영적인 '자리' 자체를 먼저 확보하게 된다. 좌공부 수행자들의 영기장을 그리면 초심자들은 운영체라고 하여 보통 발아래에 위치한 에너지가 발달하게 된다. 좌가 형성되면 심리적인 안정, 영적 현실의 안정, 물리적 현실의 안정과 같이 존재가 안정적으로 흐르는 효과가 있다.

후술하는 좌공부의 정화기법인 사무처리와 공부의 지도 방편인 명입력을 지속적으로 받게 되고, 수행자는 다음과 같은 효과가 기대된다.

(1) 외부의 기장에 침범하는 외부적 잡이 정리된다. 사무처리의 가장 기본적인 효과이다.

(2) 초심자에게는 운영체가 발달한다. 초심자에게는 기장 자체

가 공부가 된 이의 발아래에 위치한 운영체이다. 심리와 현실이 안정적으로 흐르게 된다.

(3) 좌공부 수행자가 동작을 하면서 회전력이 가동하여 기운이 몰리게 된다. 사무처리를 통해 기운의 순도를 올리게 된다. 점차적으로 순일한 기운으로 기장이 편성된다.

(4) 회로를 하면서 기운적으로 자신의 에너지장을 설계하게 된다. 자신의 영적인 신체들을 구성하는 세포들이 회로로 대체해 간다.

(5) 기운적으로 꽉 차게 되면서 포화상태가 될 때, 수행자들은 충만함을 느끼게 되나, 수행의 연이 깊은 사람들은 자신이 겪는 일들을 통해 의식이 깊어지게 된다. 이때 좌는 수축하며 하나의 나이테처럼 남고 새살이 돋듯이 섬세한 기장을 다시 생성하게 된다.

(6) 의식 자체도 에너지이기 때문에 회로는 무의식의 설계판, 형판을 재설계한다. 그 지향점이 깨달음이라면 깨달음의 연을 구성하게 되어 추후 성불할 때 인연의 발판이 된다.

(7) 만다라의 몸, 만다라카야를 이루게 된다. 회로가 다층적, 다차원적 영적 에너지체의 구성요소들을 교체하면서 회로의 몸을 이루게 된다.

(8) 의식의 깊이가 깊은 명상 수행자들이 회로를 하게 되면, 의식의 수준을 에너지로 고정시켜 마음이 안정화되는 효과가 지속되는 느낌을 받게 된다.

(9) 나의 행이 동작처럼 흐르게 되고, 나의 언어가 동작으로 흐

르고, 나의 운명이 전체의 조화로움에 기여하는 흐름의 인생을 살게 된다.

공부의 진행 과정에 대해 언급한다.

(1) 운영체의 발달, 외부 기장의 정돈

(2) 맥이라고 부르는 혈맥, 기맥, 중맥, 심맥과 같은 에너지의 흐름 통로에 있는 어두운 카르마, 잡스러운 기운들이 정리되고, 맥이 빛화되기 시작한다.

(3) 운영체가 전체 기장으로만 보이는 것에서, 점차적으로 운영체는 발아래의 하부 구조 즉 현실을 서포트하는 보조적 기운체로 변화한다. 맥이 빛화 되면서 차크라들도 순일한 기운을 띄게 된다.

(4) 상위의식대들이 영기장에서 강조되기 시작한다. 내가 상위의식의 흐름대로 사는 게 아니라, 나의 삶이 상위의식의 흐름이 되는 것이다.

(5) 상위의식들이 반영되면서 우주적 의식이 반영되기 시작한다.

공부의 주된 목표는 아니나 부수적으로 기대되는 효과는 다음과 같다.

(1) 기운을 잘 타지 않는다. 성향이 민감할 경우, 그 민감함이 없

어지지 않는 것이나 외부 기운의 영향을 받지 않는다. 혼탁한 느낌이 있는 곳에 가면 힘들어하는 사람들이 좌공부를 하면 좋다.

(2) 회전력으로 이루어진 기장 자체가 강해지면서 빙의나 잡기운의 영향을 받지 않는다.

(3) 타인의 에너지를 정리, 정돈할 수 있는 능력들이 생겨난다. 사무처리 능력이다.

(4) 동작으로 체크하거나 영기장을 그려서 체크할 수 있게 된다.

2장

좌공부의 실제

1.
동작

동작은 좌공부의 선임들이 입문자가 동작을 나오게 유도하는 것으로부터 시작한다. 상고시대에는 자연기가 충만하고 회전력이 극히 강한 수태극, 산태극의 위치에서 누군가가 흐름이 나와서 이러한 동작으로 수행을 하였던 것으로 짐작한다. 언양 천전리 각석의 회전 문양을 보면 자연기의 회전력을 그림으로 옮겨 놓은 것임을 알 수 있다. 지금의 명입력 종이의 역할을 암각화로 남겨놓은 것임을 알 수 있다.

동작은 처음에는 선임자가 유도하고 혼자서 할 때는 명입력 종이 위에 오른손을 모닥불 쬐듯이 살짝 위에 대면 손이 미끄러지듯이 움직이게 된다. 이때의 느낌을 기감(氣感)이라 하는데, 따뜻한 느낌, 전기 흐르는 느낌, 몽글몽글한 구름의 느낌, 자력 같은 느낌 등이 있을 수 있다.

동작은 다음과 같은 원칙으로 유도한다.

1) 유도하는 것이지 나의 기운을 넣어서 돌리는 것은 안 된다

– 동작의 시작점부터 내 기운을 넣어 돌린다면, 입문자의 공부 수준이 동작 유도하는 선임의 수준까지만 진행된다.

2) 사무처리 후 명입력 종이 위에서 진행한다

– 동작은 사무처리 후 명입력 종이 위에 입문자가 오른손을 올려놓으면서 기운을 타서 나오는 것이다. 즉 입문자는 사무처리를 받아 기운을 정돈시킨 다음에 명입력의 흐름을 타서 동작을 한다.

3) 나의 기운은 상대방의 기운을 회전시키는 마중물 역할을 한다

– 선임자가 동작으로 입문자를 동작 유도시킬 때는 입문자의 동작 발생에 나의 기운은 마중물 역할을 한다고만 여긴다. 상대방의 에너지장을 돌려버린다는 마음으로 상대방의 에너지장을 돌리는 동작을 한다.

4) 뾰족한 회전체 발생 물체도 사용한다

– 볼펜과 같은 뾰족한 회전파 발생 물체를 입문자의 손가락 주변에 살살 돌려가면서 동작을 유도시킨다.

5) 동작이 나오지 않아도 여유 있는 마음을 가지게 한다

– 동작이 나오지 않고 안으로만 맴도는 사람들도 있다. 의식이 안으로 말려 들어간 분들이 계시는데, 명상을 오랫동안 하신 분들이 그런 경우가 많다. 말려 들어간 의식이 외부와 접점을 가질 때 의식장이 활성화되면서 동작이 나오는데, 이를 위해 기운영을 보내기도 한다. 기운영을 할 때만 동작이 나오는 분들도 있다. 그런 분들은 평상시 동작이 잘 안 나오더라도 몸 안에서 기운이 돌아가기 때문에 동작이 안 나오는 것이라 말할 수는 없다.

– 강한 긴장 상태, 주의집중을 하는 상태에서 동작이 안 나오는 분들도 있다. 동작이 나오는지 안 나오는지 빤히 명입력 종이만 본다거나 단전에 집중한다거나 나를 바라보는 위빠사나처럼 의식의 한 지점이나 육체의 한 부분이나 호흡에 집중하면 동작이 나오지 않는다. 주의집중은 기존 수행에서 삼매를 득하는 방법으로 권하는 방식이나, 좌공부의 동작은 스스로를 놓음에 그 기본이 있는 것이다.

2.
회로

동작은 내밀한 심체의 파동이 육체적 수준으로 드러나는 것이기에 심체는 그 스스로 완전한 방향으로 스스로 짜나간다.

1) 회로는 동작에 의해 구현된다

일반인이 그리는 것과 동작으로 그리는 것의 차이는 일반인이 그리는 것은 그림이며, 동작으로 그리는 것은 회전력으로 미세 기운이 구현되어 스스로 짜나간 것과의 차이라 할 수 있다. 따라서 동작이 회로의 기본이 되는 것이다.

2) 회로는 수행의 진도에 따라 깊어진 형태가 나온다

유도되는 동작은 초심자의 경우 깊은 단계에서 유도되지 않을 수 있다. 그러나 공부가 진행됨에 따라 점차적으로 순일하고 내밀하고 깊은 단계에서 흐름이 발생한다. 사무처리, 즉 잡정화와 명입력을 반복적으로 하다 보면 흐름 자체가 순일해지면서 회로도 점차적으로 내밀한 흐름이 반영된다.

3) 회로는 과거 정리, 현재 제도, 미래 설계의 특징이 있다

과거의 에너지들(카르마 포함)을 정리해가며(과거 정리)

현재의 에너지들을 순화하고 제도하며(현재 제도)

미래의 에너지를 지금 앞당겨서 설계하는 특징이 있다(미래 설계)

4) 회로를 하기 위한 물질적 조건

똑딱이가 있는 볼펜, 회로를 그릴 수 있는 회로판, 16절지 종이가 필요하다. 16절지인 이유가 있는 바, 그것은 16이라는 숫자가 안정화된 숫자이기 때문이다.

3.
회로의 종류

1) 볼펜회로

볼펜은 누를 수 있는 똑딱이, 볼펜심을 휘감는 스프링 구조, 볼펜이 구를 수 있는 볼, 이 세 가지가 있는 볼펜이어야 한다. 각 의미는 다음과 같다.

똑딱이는 스타트를 끊는 시작점이며 볼펜심을 휘감는 스프링 구조는 에너지를 회전시키는 형태이며, 볼펜의 볼은 볼이 굴러가면서 회전력으로 회로를 그릴 수 있게 한다.

사인펜이나 연필이 아닌 볼펜인 이유는 볼펜의 볼 자체가 굴러가면서 그림을 그리는 형태이니 선 하나가 회전력이 반영되면서 나아가기 때문이다. 즉, 직선도 회전력에 기반하여 굴러가면서 그려지는 것이니 회전력의 강화에 도움이 되기 때문이다.

동작으로 볼펜 회로를 하는데, 처음 하는 회로는 파란색으로 시작한다. 즉, 가장 기본되는 회로가 파란색 볼펜이다. 파란색은 공력 소모가 크지 않으며, 무난한 기운대이기 때문이다.

파란색 볼펜 이후에는 빨간색 볼펜을 사용한다. 빨간색이 기운적으로 강하기 때문에 무난한 파란색을 먼저 하는 것이다.

파란색과 빨간색만으로도 공부가 깊이 진행될 수 있다. 그것은 0과 1의 사이에 무한대의 소수점 단위의 숫자가 들어갈 수 있는 것처럼 파란색과 빨간색만으로도 무한대의 스펙트럼을 구현할 수 있기 때문이다. 마치 음과 양의 태극으로부터 모든 것이 산출되는 것과 같은데, 파란색과 빨간색을 음과 양으로 이해하면 안 된다. 비유를 든 것이기에 파란색을 음적인 것으로 빨간색을 양적인 것으로 이해하는 우를 범해서는 안 된다.

– 공부가 깊이 들어가지 않은 상태에서 여러 가지의 색깔의 볼펜을 쓰면 수행자에게 손해가 될 수 있다.

만약 남색, 회색, 초록색, 분홍색 등등의 색깔을 각각 전부 다사용할 경우, 그 색깔의 파장대를 구현해가기 위해 수행자의 에너지를 소진 시키기 때문이다. 즉 집을 지을 때에 샹들리에를 꾸미기 위한 크리스탈이 필요하겠지만, 크리스탈이 예쁘다고 집 전체를 크리스탈로 꾸밀 수 없듯이 필요한 것만 각각의 색깔을 쓰게 하는 것이 효율적이기 때문이다.

원래 회로의 색깔에는 각각의 기운이 충당되어야 하기 때문에 금색이나 은색이나 보라색 등의 기타의 색깔에는 기운의 책임이라는 것이 뒤따른다. 수행을 하기 위한 것이 오히려 공력 소진으로 이어질 수 있기 때문에 좌명을 설정하고 공부가 익은 이후에 다른 색깔의 볼펜이나 물감을 써야 한다.

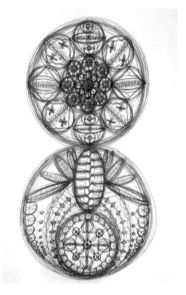

일반회로1   일반회로2

일반회로3 일반회로4

　이 공부는 단순하게 회로를 그리는 공부이긴 하지만, 이미 만들어진 회로는 그에 합당한 기운을 요구한다. 이 공부는 무의식적 요소가 크기 때문이다.

2) 먹회로

　볼펜회로 이후에는 먹회로를 한다. 먹회로가 맞지 않는 사람들도 있다.

　건강검진 시 인체에 필요한 근육량이 어느 선까지 있어야 정상

범위로 평가되는 것은 남자와 여자가 다르다. 남자는 높고 여자는 기준치가 낮다. 이에 반면 여자의 경우의 정상범위 내의 피하지방 수치가 남자에게는 비만으로 평가되기도 한다.

사람에 따라 기운이 섬세한 경우, 무지막지한 힘보다 섬세한 볼펜회로가 맞는 사람들이 있다. 따라서 볼펜 회로 이후에 먹회로가 있지만 먹회로를 부담스러워하거나 잘 안 나오는 사람들은 볼펜 회로를 해도 무방하다.

먹은 기운의 흡입력이 커서 감당할 수 없는 이가 먹회로를 하면 먹회로에 기운이 빨려 들어간다. 그래서 기본적으로 좌명 이상의 수행자가 해야 한다.

자신을 제도하는 공부가 아니라 먹회로를 제도하는 공부가 되기에 감당할 수 있는 사람만 할 수 있는 게 원칙이다.

이런 면에서 먹회로는 볼펜회로의 다음 단계가 아니라 필요한 이들이 하는 게 맞다.

3) 인체 제도 회로

인체 제도 회로라 하여 사람 모양의 도장을 찍고 회로를 그리곤 한다. 고무인에 남자나 여자 모양의 신체를 새겨서 파란색 스탬프에 찍고 16절지에 도장을 찍어 그 위에 회로를 그린다.

마음은 형상이 없기에 16절지에 동작으로 스스로의 마음을 제도하는 것이 일반회로이나 인체 제도는 인체라는 조건, 육체라는 한계성을 조건 지어놓고 그 위에다 제도를 하는 것이다. 타 공부방에의 인체회로는 회로를 이어붙이면서 인체 모양으로 형상화 시키기도 하는데, 금강연화원에서는 인체 도장을 찍고 16절지 한 장에 콤팩트하게 그린다.

인체회로는 차크라 위주의 정돈, 인체 에너지장의 정돈, 인체의 여러 맥들(중맥, 심맥, 영맥)을 직접 설계하고, 정리하고, 구조화시키는 것에 특화되어 있다.

그러나 수행은 전방위적으로 진행되어야 하며, 그 초점을 인간이라는 육체 조건이 아닌 마음과 영성에 있어야 하기에 인체 회로를 전체 회로의 50% 정도로 해야 한다.

인간이라는 조건에 있는 에너지장이 아닌 본연의 흐름으로서의

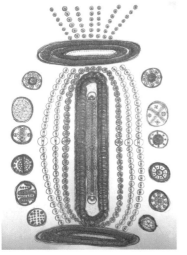

인체도장 회로1

인체도장 회로2

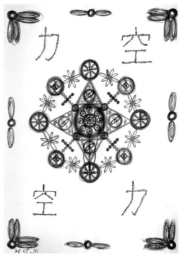

인체도장 회로3

인체도장 회로4

에너지장을 설계하는 것에는 일반회로가 적당하기 때문에, 일반회로를 처음에 하고 익숙해지면 인체 도장 회로를 나중에 한다. 그리고 그 비율은 50%를 넘지 않게 적절히 안배하면 된다.

4.
회로의 분류

1) 명입력

지도를 위한 회로이다. 사무처리 이후 수행자는 16장의 종이를 받게 되는데, 수행의 지침이 되는 종이이다. 이 종이를 놓고 그 위에 손을 살짝 띄운 다음에 동작을 하게 된다. 일반적인 공부 과정에서 명입력 종이, 그리고 특정 영적 처리를 위한 명입력 종이, 천도회로를 위한 명입력 종이가 있다.

2) 처리회로

의식의 어떤 부분을 정리하게 되면, 다시 그 의식이 오염되거나 물들지 않게 얼마 동안 보호해주는 역할이 필요하다. 상처가 덧나면 고름을 빼고(사무처리), 드레싱을 하여(명입력) 새살이 돋게 도와주는 게 처리회로의 기본이다.

처리회로는 독소를 빼는 회로, 영적인 오염을 점차적으로 정리해주는 회로, 사무처리를 했지만 특정명의 발동이 필요할 경우일 때 하는 회로, 기운영을 주는 처리회로 등이 있고, 이는 사무처리와 효과가 중첩되는 부분이 있다.

3) 천도회로

망자(亡者)에게는 에너지가 필요할 때가 있다. 사람에게 추진 에너지를 실어주면 로켓으로 달나라로 갈 수 있듯, 망자에게 에너지를 실어주면 다른 계에서 태어날 수 있다. 이것이 천도회로이다. 필요하면 다른 계의 문을 열고 직접 보낼 수 있다.

4) 목적회로

처리회로 이외에 특정 목적을 위해 하는 회로이다. 사업운영을 위한 회로, 관계 개선을 위한 회로 등이다.

순수한 공부 차원에서 하는 회로가 아니기에 공부의 기본 베이스가 되어서는 안 되나, 필요하면 처리할 수 있다.

5) 주술회로

회로가 무의식적 요소를 반영하다 보니, 무의식적 정리가 필요한 것들이 나올 때가 많다. 회로를 정작 해놓았는데, 다른 계의 존재가 힘을 얻기 위해서 회로 수행자에 의탁하여 회로를 시킨 경우, 회로에 무의식적 오물이 많이 묻어나오는 경우. 즉 힘을 극단적으로 추구하는 경우, 주술적 사고방식으로 공부를 진행하면서 염 덩어리가 덕지덕지 묻어나오는 경우. 이와 같은 회로를 주술적 회로라고 칭한다.

5.
사무처리

1) 기본 사무처리 (기장 정돈)

사무처리는 좌공부 특유의 정화기법이다. 과거에는 의(意), 뜻으로 사무처리 했다고 한다. 즉 관(觀)으로 사무처리 했는데, 이는 권하지 않는 금기이다. 왜냐하면 부족한 사무처리는 하지 않느니만 못하다. 잡을 건드려 놓기만 하고 제대로 마무리되지 않으면, 잡이 들고 일어나 처리 받는 이와 처리자를 힘들게 할 수 있기 때문이다.

좌공부는 회로라 하여 유형화하는 것이 특징인데, 이 유형화의 특징을 살려서 기형을 잡고 잡처리를 해야 처리가 잘 될 수 있다.

사무처리는 동작이 나오는 수행자가 할 수 있는 것이나, 여타의 정화법처럼 많이 하면 어둠이 쌓일 수도 있고, 반탄력이 처리자와 처리 받는 이에게 작용할 수 있기에 좌명을 설정한 수행자가 해야 하며, 사무처리를 막 배우는 단계에서는 지도 선생님이나 선임자에게 충분한 지도를 받은 이후 고도화된 사무처리를 배우게 된다.

사무처리는 기법이지만 다음 몇 가지 조건이 있어야 제대로 할 수 있다.

- 좌명을 설정한 수행자이어야 한다. (좌명은 영기 공부를 한 이가 기장 자체가 8방 운영체가 될 때 나오는 이름이다. 공부의 하나의 매듭이 지어지는 시기이다.)
- 회로를 많이 한 수행자이어야 한다. (회로를 잘 안하는 이들도 좌명 설정을 할 수 있으나, 사무처리 자체가 회로의 회전력을 기반으로 하는 공력에 기반하기에 회로를 많이 해야 한다.)
- 심법(心法)이 깊어야 한다. (사무처리는 기법을 배우면 되는 것이나, 마음 공부가 깊이 되어야 한다. 심법 관련해서는 무동의 제1저서 '무동 번뇌를 자르다'와 제3권 '만다라 현현의 법'을 참고하면 된다.)

사무처리는 볼펜을 잡고 동작으로 기형을 잡는 것부터 시작한다. 후술한다.

(1) 기형을 잡는다. - 기형 잡기, 잡을 형상화하는 단계로 처리하는 사람마다 기형의 모습이 다 다르다.

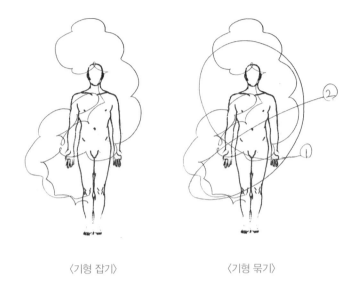

〈기형 잡기〉　　　　　〈기형 묶기〉

(2) 기형을 잡아 기형을 묶어 포박한다. - 기형 묶기, 실로 묶는
것처럼 기형을 묶는다.

(3) 십자와 팔방으로 기형을 파괴한다. - 기형정화, 파괴의 관점
에서는 '잡제거'라고 하는데, 기본적으로 정화의 마음가짐으로 사
무처리를 한다. 십자로 긋고 사선으로 긋는다.

(4) 정화가 된 기형을 고정시킨다. - 기형제어

잡제거한 기형을 기운적으로 마무리하는데, 이를 기형제어라고
한다. 일명 걸리버 묶기라고도 하는데, 거인 걸리버를 작은 말뚝으

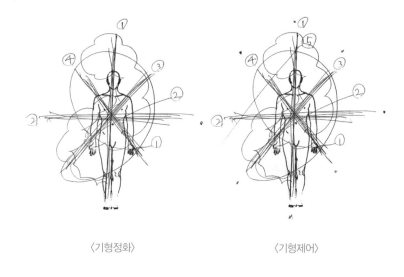

〈기형정화〉　　　　　　〈기형제어〉

로 손과 발을 결박하는 것과 모습이 비슷하기 때문이다. 8방으로
십자를 그은 쪽에 점을 찍는 형식이다.

　사무처리는 하나의 잡을 인체 도장 4번을 찍어 4번 처리하는 것
이 원칙이며, 처음에는 파란색으로 사무처리한다. 좌공부를 직접
하시는 분들을 대상으로 사무처리할 때는 그분들이 빨간색 회로를
그리게 되면, 빨간색 볼펜으로도 사무처리를 하게 된다. 같은 잡을
4회 처리하면서 잡을 형상화한 기형이 점차로 작게 그린다.

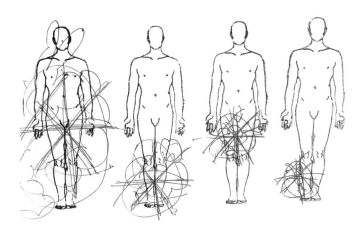

〈하나의 잡을 4회 처리〉

2) 특수 사무처리

◆ 맥 사무처리

맥은 인체의 중심선을 통과하는 에너지 중심선을 말한다. 에너지의 순환 체계로 보면 기맥, 혈맥 등으로 말한다. 육체의 경우 척추를 인체의 중심 지지대로 보는 것처럼, 인체의 맥은 척추와 그 위치가 같지만, 그 흐름은 영적인, 에너지적인 것을 기준으로 한다.

인체는 여러 층의 에너지 층위로 각각의 신체가 있으며, 육체와 가장 가까이 있는 에테르체 기반의 맥을 '혈맥'이라 하고, 에테르체보다 주파수가 조금 높은 영적인 체를 아스트랄체라고 하고 이를 '기맥'이라고 한다. 한의학적인 경락의 층위는 혈맥에 해당되고, 인도 의학 체계의 나디맥을 기맥 차원으로 이해한다.

그리고 이러한 맥들이 모이는 인체의 에너지 센터들을 맥륜(脈輪)이라 하는데, 이 맥륜은 티베트 밀교에서의 단어이며, 보통은 차크라(Cakra)라고도 한다.

중맥은 기맥보다 조금 더 영적인 주파수로 깊이 들어간 맥이다. 혈맥이 인간의 육과 에테르체(동양에서는 백, 魄)의 사이의 맥이라면, 기맥은 인간의 에테르체와 아스트랄체 사이의 맥(혼, 魂)이며, 중맥은 인간의 아스트랄체와 그 이상의 체의 사이이다. 굳이 말하면 중맥은 동양권에서 말하는 혼체와 영체의 중간 사이 파동의 맥이라 하겠다.

맥 사무처리는 처리자의 초점에 따라 혈맥을 정리할 수도, 기맥을 정리할 수도, 중맥을 정리할 수도 있는 것이다. 맥 사무처리는 맥 전체의 장(filed)을 정리할 수도 있지만, 맥의 특정 부위를 볼펜으로 짚으면서 사무처리를 할 수도 있다.

맥 사무처리를 통해 정리가 되는 것은 감정적 응어리, 관념이 응결되어 기맥의 유통을 방해하는 것, 특정 차크라에 빙결된 것처럼 보이는 미세 관념의 처리, 중맥과 기맥의 순환을 방해하는 카르마 덩어리 등이다.

(1) 맥의 부분부터 처리

맥의 한 지점을 짚어 거기서 발생하는 잡을 기형으로 유형화하여 처리한다. 맥의 특정 부위를 정리하기도 하고, 맥의 특정 센터 즉 맥에 위치한 맥륜(차크라)를 정리한다.

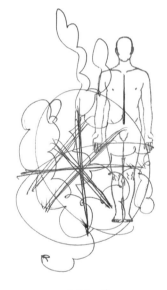

〈그림 a〉
맥의 한 지점을 정해서 기형 잡기

〈그림 a-1〉
맥 한 지점 처리

(2) 맥 자체를 처리

맥 자체의 잡스러운 기운을 기형으로 잡아서 처리한다.

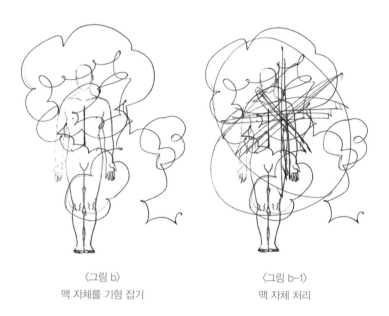

〈그림 b〉
맥 자체를 기형 잡기

〈그림 b-1〉
맥 자체 처리

(3) 부분맥 처리

목이나 가슴 부근이나 배 쪽에 맥을 부분적으로 그려 처리하기도 한다. 목 차크라나 가슴 차크라나 1, 2번 차크라와 같이 특정 차크라를 감안하면서 맥까지를 정리할 때 쓴다.

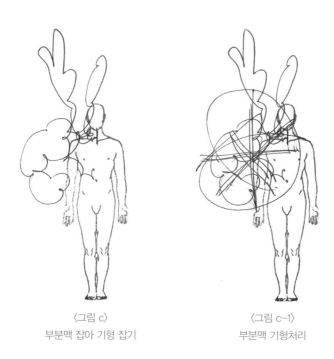

〈그림 c〉
부분맥 잡아 기형 잡기

〈그림 c-1〉
부분맥 기형처리

⑷ 주파수를 달리하여 여러 맥을 정리하기

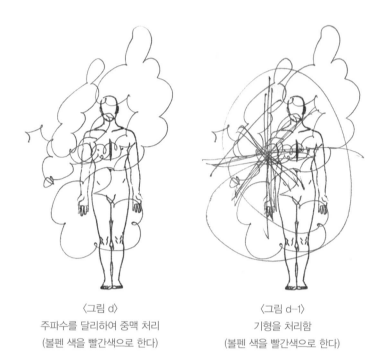

〈그림 d〉
주파수를 달리하여 중맥 처리
(볼펜 색을 빨간색으로 한다)

〈그림 d-1〉
기형을 처리함
(볼펜 색을 빨간색으로 한다)

◆ 장부 사무처리

　장부에서 잡히는 탁한 기운을 정리하는 사무처리이다. 장부 모델링 종이에 기형을 잡아 처리한다. 아래는 여성의 장부이고, 남자의 장부를 모델링화한 종이도 있다.

장부 사무처리에서 남녀의 림프절 모양, 신경계 모양, **뼈**의 모양으로 된 각각의 인체 종이가 있으니, 이를 만들어서 쓰면 좋다. 장부 사무처리의 처리 스펙트럼은 질병적 요소뿐만 아니라, 장부에 맺혀진 감정, 탁한 기운, 카르마, 빙의체 전반을 다룬다.

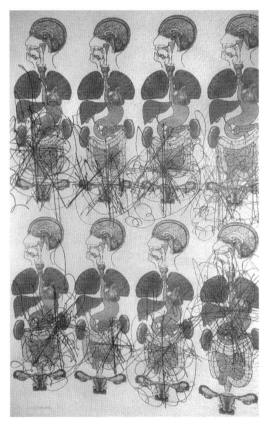

〈장부 사무처리〉

◆ 염 처리

염막(念幕)이라 하여 염(念)에 너지로 막처럼 씌워진 경우가 있다. 사념이 많아 힘들다고 하시거나 특정 생각에 꽂혀 개선의 여지가 별로 안 보이는 경우 염 처리를 하게 된다.

머리 주변에 염이 굳어진 사각형을 그리고 사무처리 기법으로 파훼한다. 사각형은 물질을 뜻하기 때문에 물질화된 사념을 정리할 때 사각형으로 구현하고 정리한다.

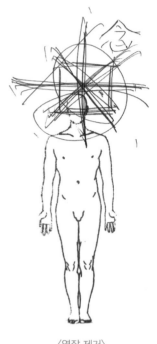

〈염잡 제거〉

◆ 충잡 사무처리

사무처리 시 기장에 벌레의 형태로 모양이 잡히는 것을 '충잡'이라 한다. 벌레의 잡이라 하는 것이다. 인체 내에 벌레가 있다면 크고 징그러운 기생충을 생각하기 쉬운데, 모공에도 모공충이라 하여 미세한 벌레가 있으며, 말라리아와 같은 것도 원충류라 하여 인체에 해가 되는 것으로 간주된다. 마찬가지로 에너지장에 기생하는 벌레의 기능을 하는 잡을 충잡이라 한다.

에너지장에는 외부에서 파견된 벌레로서의 잡, 외부 에너지와 연결되어 있는 벌레, 카르마가 형상화된 벌레 모양의 잡, 맥륜(차크라)에 기생하는 잡, 미세 기맥에 기생하는 벌레 등 충잡은 매우 많고 기생하는 케이스의 종류는 다양하다.

충잡 사무처리는 여타의 필터링 사무처리와 같이 특정 잡만을 확실하게 정리하기 위한 방법이다. 그 방식은 거미줄처럼 생긴 사무처리 종이에 잡히는 잡을 정리하는 것인데, 해당 사무처리 종이에 대해 설명한다.

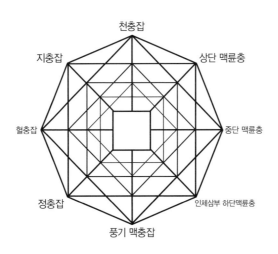

사무처리 종이는 거미줄의 형태로 한다. 중앙에 사각형의 좌에 앉아 있는 것은 처리 받는 이의 자심(自心)이 형상화한 거미이다. 거미라고 생각하지만 그 거미의 형상은 처리 받는 이의 마음이 공성(空性)의 입장에서 변화한 것이니 처리 받는 이의 본성이 거미줄로 펼쳐 충잡을 스스로 정리하는 것이다.

거미줄은 세 겹으로 되어 있는데, 최외각의 거미줄부터 중간, 그리고 가장 안까지의 거미줄에 대해 언급한다. 최외각은 바디(Body)를 뜻하며, 중간은 마음(Mind)와 혼(Sprit)을 뜻하며, 가장 안의 거미줄은 영(Soul)을 뜻한다.

충잡의 종류

(1) 천충잡

– 천계 마물의 끄나풀로 영체에 기생하는 충잡. 보통 끄나풀로 심어지는 경우가 많다.

– 충잡을 파괴하면서 위로 거슬러 올라가면서 파견시킨 본체를 파악하여 제거하는데, 보통 그 본체는 거울 우주로 도망가거나 다른 차원계에 본체를 숨기는 경우가 있어 세 번 이상 파괴시킨다.

– 파견되지 않고 독자적으로 천충잡이 있는 경우도 있다.

(2) 지충잡

- 명계나 황천계의 오물
- 아니면 명계나 황천계의 존재가 파견시킨 오물
- 손, 단전, 발 등에 연결되어 있어 Reality를 흐리게 한다.

(3) 혈충잡

- 피를 좋아하는 벌레
- 해당 잡이 있으면 빈혈, 생리통, 두통과 같은 육체적 질환이 심각해진다.

(4) 정충잡

- 기운을 새게 하는 충잡
- 과도하게 기운을 쓰게끔 만드는 잡도 충잡으로 표현될 수 있다. 대표적인 것이 성과 관련이 있는 색정충이 있다.

(5) 풍기맥충잡

- 밀교에서는 인도 의학의 프라나(氣)를 풍(바람.風)으로 표현하는데, 이 미세한 기운이 흐르는 기맥에 기생하는 잡을 기맥충잡이라 한다. 혈관에 말라리아 원충이 돌아다니거나 모공에 모공충이 기생하듯이 미세한 기맥에도 극미세 벌레가 있는데, 이를 말하는 것이다.

(6) 인체삼부 하단맥륜충

– 인체의 차크라를 세 묶음으로 나눈 것을 인체 삼부장이라 하는데, 하단의 맥륜들 즉 1번과 2번과 3번의 차크라들을 합쳐서 이 차크라들에 잡히는 잡을 정리하는 것이다.

(7) 중단 맥륜충

4번 차크라, 가슴 차크라에 기생하는 잡들을 정리한다.

(8) 상단 맥륜충

5번 차크라, 6번 차크라, 7번 차크라에 기생하는 잡을 정리한다. 목과 미간과 정수리에 위치한 차크라에 기생하는 잡을 정리하는 것이다.

처리의 실제

중앙에 처리 대상자의 이름을 적고, 동작으로 각 모서리와 그물망에 기형을 잡아 처리한다. 동작으로 여러 가지 색 중의 볼펜을 골라 다양한 주파수 영역에 걸쳐 있는 잡을 처리한다.

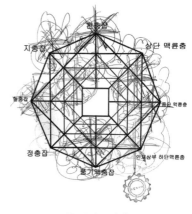

〈충잡 사무처리〉

◆ 식물계 사무처리

식물의 기운은 광물계처럼 순수하지만, 광물계의 기운이 매우 순수하여 인간 친화적인 기운이 아니라서 인간을 비롯한 생명체에게 거칠게 다가올 수 있는 반면, 식물은 인간 친화적인 기운이라서 영적인 처리 시 유용하다.

식물이나 동물이나 인간 존재나 광물 등은 각각의 꼴이 있고, 그 꼴은 형태장이니 그 형태장을 필터로 삼아 사무처리의 필터로 특정 잡스러운 기운들을 정리할 수 있다. 아래는 식물 분류학을 참고하여 사무처리 용도로 쓸 수 있게 구분한 12개의 식물 분류이다.

(1) 녹조류 – 파래

(2) 이끼류 – 이끼

(3) 야자 – 야자수, 소철

(4) 은행나무

(5) 소나무 – 소나무, 잣나무, 삼나무

(6) 고사리 – 양치식물

(7) 장미 – 장미, 벗나무

(8) 국화 – 국화

(9) 대나무

(10) 벼

⑾ 연꽃

⑿ 양파

⑴ 파래(녹조류) – 혼탁한 것을 정리한다, 구분되지 않은 것을 정리한다. 엉킨 것을 정리한다.

⑵ 이끼류 – 황천계, 명계의 이끼류를 정리한다. 오래된 것들, 묵은 것들, 묵은 습관들, 묵은 카르마, 끊지 못한 것들을 정리한다.

⑶ 야자 – 야자나무나 소철 나무로 정리한다. 천마를 정리할 때 쓴다. 선계의 에너지 중 묵은 기운을 가졌고 바르지 않은 신선을 정리한다.

⑷ 은행나무 – 은행으로 선계(仙界)의 기운을 정리할 때 쓴다. 선계 파동 중 신선계의 파동을 정리한다. 타락한 신선도를 정리한다. 조상계를 정돈할 때도 쓴다.

⑸ 소나무 및 삼나무 – 선계의 기운을 정리한다. 바르지 않는 것들을 정리할 때 쓴다.

⑹ 고사리 – 영적 기생체를 정리할 때 쓴다. 부정한 것들을 정리한다.

⑺ 장미 및 벚나무 – 성 관련 잡을 정리할 때 쓴다. 잡을 회유할 때도 쓴다.

⑻ 국화 – 형잡이나 망잡이나 엉잡과 같이 결과물을 도출시키지 못하는 잡을 정리할 때 쓴다, 조상계 정돈을 위해 쓴다.

(9) 대나무 – 명계 및 황천계 및 다른 차원의 문을 정돈할 때 쓴다.

(10) 벼 – 육체의 병고로 인해 누적된 잡을 정리한다.

(11) 연꽃 – 불과(佛果)나 선과(仙果)를 이루게 하지 못하는 잡을 정리한다.

(12) 양파 – 퇴마의 목적으로 사용한다.

식물계 사무처리는 식물계와 여러 차례 연을 맺어야 한다. 즉 5백 년 이상의 나무들과 기운 대사를 자주 해야 하며, 식물원 기운영을 자주 가야 한다. 이 때 식물원 기운영은 지역을 달리해서 가야 한다. 각 지역의 토지와 기후가 다르기 때문이다.

식물계 사무처리

(1) 식물계에 다음과 같이 고한다.

'가이아의 자녀이시며 인간의 동반자이신 식물의 존재들이시여, 여기 가이아의 자녀 일인이 순리에 어긋남을 정리코자 하오니 그 힘을 빌어주십시오.'

(2) 식물 그림들이 있는 팔레트에 동작으로 짚어서 기형을 잡는다.

팔레트 – 12개의 꽃잎처럼 되어 있는 종이 팔레트에 12개의 식물이 프린트되어 있다. 12개에 각 이름을 적고 가운데 원에는 가이아를 적는다.

〈식물계 사무처리 팔레트〉　　　　〈식물계 사무처리 실례〉

(3) 기형을 사무처리 하여 기운 정돈한다.

식물계 팔레트에 기운을 집으면서 처리받는 이의 기장 모델에 유형화시키면서 잡정리를 한다.

◆ 문 사무처리

하나의 흐름(One stream)을 인간이라는 필터를 거치게 되면 인간의 생이 펼쳐지며, 하나의 흐름이 특정 개체(Information filter) 즉 물질이나 생명을 거치게 되면 해당 물질과 생명체가 된다.

사무처리는 인체라는 조건을 걸고 인체의 에너지장에서 잡으로 잡히는 것을 정화, 제거를 하는 것인데, 문(門) 사무처리는 인체에 문을 그리고 해당 게이트에 걸리는 특정 잡(雜)을 정리하는 기법이다.

처리방법

(1) 문을 그린다

- (鬼)門을 그리고 문에 잡히는 기형을 잡아 정리한다. 기형 대신에 간략한 존재를 그려서 정리한다.

- (天魔)門을 그리고 해당 문에 잡히는 기형을 잡아 정리한다. 기형 대신에 간략한 존재를 그려서 정리한다.

- (鬼)門이나 (天魔)門을 쓸 때 가로 안에 있는 것은 사무처리할 때 가로 안의 글자를 적어서 기형을 잡으라는 뜻이 아니며, 처리할 때 느낌이 있으면 문을 그리면서 천마의 게이트, 귀의 게이트 등으로 인지하고 문에 잡히는 기운이나 기운체를 잡아서 정리하라는 것이다.

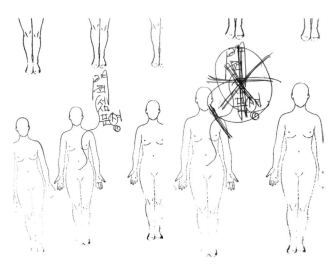

〈문 사무처리 기형 잡기〉　　　〈문 사무처리 기형 잡제거〉

(2) 문은 여러 개가 겹쳐질 수 있다

　- 천마나 여타의 영적 존재들은 모습을 바꾸는 둔갑을 하거나, 하위 존재를 시켜서 인간에 개입하고 본인은 은폐하는 술법을 쓴다.

　- 문을 정리하고 다시 위에 문을 또 그려서 정리하고, 다시 위에 문을 또 그려서 정리하는 기법으로 끝까지 추적하여 영적 존재를 파훼해야 한다.

　- 이때는 정화보다는 파괴의 힘으로 사무처리를 진행한다.

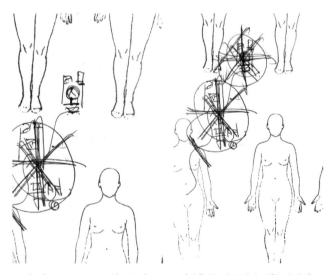

〈다층 문 사무처리 기형 잡기〉　　〈다층 문 사무처리 기형 잡제거〉

(3) 존재의 정리는 회유와 처리 이 두 가지로 한다

　- 조상계의 존재나 인연이 있어 에너지장에 잡히는 잡은 보통

회유를 한다.

'이 사람이 수행을 하게 되었으니 속히 물러가기를 바라며, 만약 추후 다시 당신이 이 사람의 수행을 방해하는 존재로 남게 될 경우 너는 소멸하게 될 것이다.'

라고 마음으로 전하고, 사무처리를 정화의 마음으로 진행한다.

– 아니면 해당 잡이 필요한 기운을 조달하는 기운영 명을 드리는 회유의 차원으로 처리할 수 있다.

– 수행이 어느 정도 올랐는데도 잡이 잡힐 경우 소멸의 마음으로 잡을 정리한다.

◆ 심 게이트 사무처리(일명 육근 만다라 사무처리)

특정 존재가 특정 조건을 만날 때 기장의 변화를 감지하여 처리하기도 한다. 이는 여드름을 짜기 위하여 살집을 들어내는 것이나, 유성 사인펜으로 더럽혀진 것을 닦기 위해 유기용제를 쓰는 것과 같다. 특정 주파수의 더러움을 처리하기 위해 특정한 조건을 걸고서 정화 작업을 하는 것이다.

인간의 마음은 여러 감각기관을 신하로 하여 심주(心主)인 대일여래께서 그 자내증(自內證)을 드러낸 것이다. 그 감각기관은 심주인 대일여래께 공양하고, 대일여래는 감각기관인 신하에게 하사물을 내린다. 이렇게 상즉상입(相卽相入)하는 밀교의 원리에 의해 감각기관의 자극을 통해 심주에 접근하여 처리의 효율을 꾀하는 것이 심 게이트 사무처리이다.

미각 – 죽염(짠맛), 구연산(신맛), 생강차(매운맛)와 같은 맛과 관련된 물질을 먹게 하고, 처리 대상자의 변화하는 기장을 기형으로 옮겨서 사무처리하는 것을 미각 사무처리라고 한다. 이는 특정한 맛이 특정한 경락과 장부에 영향을 미친다는 가정으로 맛이 들어갈 때 해당 장부와 경락이 반응하는 탁기들을 정리한다는 것이다.

후각 – 동작으로 아로마 향을 블라인드 형식으로 동작으로 선택하게 한 다음, 그 향을 맡게 한 이후, 기장의 변화를 사무처리를 한다. 후각과 관련된 심 게이트로 진입하여 사무처리하는 방식이다.

청각 – 띵샤(싱잉볼)와 같은 소리 명상에 대응하는 것으로 상대를 진동시킨 다음, 그 공명되는 주파수에 힘을 실어 탁기를 사무처리한다. 청각과 관련된 심 게이트로 진입하여 사무처리한다.

◆ 차크라 사무처리

인체에는 7개의 차크라가 있다고 한다. 이는 힌두 요가 전통에서의 견해인데, 밀교 쪽에서는 맥륜이라 하여 5개로 분류하기도 한다. 이는 인간의 에너지체가 여러 층으로 되어 있기 때문에 각 층에 해당되는 주파수로 인체를 보게 되면 일곱 개로도, 다섯 개로도, 혹은 세 개로도 보이기 때문인 것이다.

차크라 사무처리는 7개의 차크라 기준으로 하며, 해당되는 차크라들을 사무처리 종이 위에 도식화하여 잡(雜)으로 걸리는 것들을 기형으로 잡아 처리한다.

차크라에 대한 인식이 필요하다. 차크라는 육체 기관처럼 에너지체에 부속 기관으로 고정된 것이라 보면 곤란하다. 근원적 파동이 해당되는 차크라가 위치한 지점을 지나가면서 에너지 파형으로 구현된 것이라 보면 된다. 즉 차크라는 구현된 장(場, field)인 것이다.

그리고 후술하는 차크라 사무처리 종이의 각 신들과 개념들은 인간의 신성을 각 개념과 존재로 드러낸 것일 뿐 절대적인 의미 부여로 이해해서는 안 된다.

1번 차크라 – 형태를 잡음

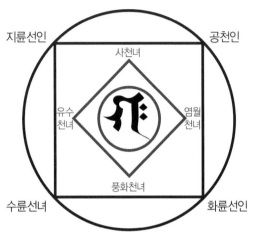

〈1번 차크라 모델링〉

1번 차크라는 인간이라는 틀과 관련이 있다. 1번 차크라의 외륜은 사륜선인으로 이루어져 있다.

지륜선인 – 형태를 원한다.

수륜선녀 – 형태에 의미를 부가한다, 형태에 기능을 원한다. 물질(지(地)의 요소)에 생명을 넣는다.

화륜선인 – 생명이 있는 물질에 지속성을 부여한다. 즉 기본적인 정신을 얹히기 때문에 생명이 있는 물질 즉 생명체는 먹으려고 하고 배설하려고 하는 순환 기능이 있고 이는 불로 상징되는 에너지 순환이 가능케 한다.

공(空)천인 - 생명의 지속적으로 유지하려는 기능에 기본적인 인지 능력을 부여한다.

1번 차크라의 내륜은 모래를 굽는 과정과 비슷하다.

사(沙)의 천녀 - 물질성을 뜻한다. 모래.

유수의 천녀 - 물을 뜻하는데, 이는 모래에 물을 섞어 점토를 만드는 것이다. 흩어지는 의미 없는 모래에 물을 넣어 반죽하여 형태를 만들 준비를 한다.

풍화(風花)의 천녀 - 강한 바람과 약한 바람의 조합으로 필요 없는 것은 떨어져 나가고 필요한 것은 바람으로 가져다 온다. 형태를 만든다. 이는 바람이 꽃을 가져오는 것과 같아 풍화천녀라 한다.

염월(炎月)의 천녀 - 불타는 달, 뜨거운 화기로 점토는 구워져 그릇(존재)이 된다.

1번 차크라의 주재자는 가네샤.

즉 코끼리와 같은 육중한 무게와 대지를 진동시키는 강력한 힘의 존재, 가네샤의 종자는 '가'이다.

〈1번 차크라 사무처리 실례〉

〈1번 차크라 명입력 실례〉

2번 차크라 내륜과 외륜 – 욕망의 정삼각형과 애착의 역삼각형

탐천자(문수보살)

촉천녀
(지장보살)

집천녀
(허공장보살)

갈천녀
(관세음보살)

노천자
(보현보살)

애천자
(대세지보살)

〈2번 차크라 모델링〉

2번 차크라 스와디스타나는 주홍빛이라 알려졌다. 이 차크라에서 본능과 관련된 '아(我)'가 발생된다. 3번 차크라가 사회성과 관련된 '아(我)'라면 2번 차크라는 내가 나 스스로를 나라고 여기는 자아가 정립하는 역할을 한다.

2번 차크라의 미시구조는 기능 구조로 설명하면서 이를 승격시키면 보살과 명왕으로 해석하는데, 이는 승화될 때 그 보살과 명왕의 힘을 갖는 것을 의미하는 동시에 제어를 할 때는 그 보살과 명왕의 힘이 필요하다는 두 가지 의미가 있다.

다른 차크라와 달리 이 부분을 첨언하는 이유는 2번 차크라의 에너지가 매우 폭발적이기 때문에 보살과 명왕에 대한 인지까지 같이 있어야 처리가 가능하기 때문이다.

탐천자 – 탐욕, 갖고 싶음을 뜻한다. 에너지의 직진성, 쟁취욕. 문수보살로 승화

갈천녀 – 목마름, 갖고 싶어하는 요소를 당기고 싶다, 에너지의 흡인성, 쟁취욕의 음적 측면 즉 소유욕을 뜻한다. 관세음보살로 승화

노천자(怒天子) – 가져와서 다루고 싶어 함, 다루면 파괴되기 때문에 파괴성을 뜻하는 분노의 존으로 해석된다. 보현보살로 승화

이 삼각형을 욕망의 정삼각형이라 한다.

역삼각형을 말한다.

촉천녀 - 쾌를 느끼고 싶어 함, 이를 승화하면 대지의 경지, 지장보살의 경지를 얻는다.

애천자 - 내 것으로 일체화를 싶어 함, 이를 승화하면 번뇌를 제압하는 대세지보살의 경지를 얻는다.

집천녀 - 지금의 상태를 영원히 이어가고 싶어 함, 이를 승화하면 무량한 자량을 무량한 창고에 넣는다는 의미로서 허공장보살의 경지를 얻는다.

이 역삼각형을 애착의 역삼각형이라 한다.

2번 차크라의 내륜은 역삼각형이다.

카마데바(애, 갈애, 탐(貪))
이사나(폭렬, 힘, 에너지, 진(嗔), 분노))
가네샤(무지막지한 힘, 우암의 힘은 지극히 강대하도다, 치(痴))

이를 주재하는 것은 군다리명왕이다.

차크라 주재신은 군다리명왕. 군다리명왕의 종자는 '흐릭'이다.

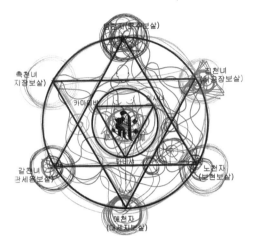

〈2번 차크라 명입력 실례〉

– 2번 차크라부터 사무처리는 수록하지 않으며, 명입력만 수록한다.

이 존격은 아치, 아견, 아만, 아애의 4번 뇌를 제압하는 존격. 모든 집착과 원한을 상징하는 뱀을 두르고 있어 뱀의 정복자, 뱀을 주재하는 자이다.

3번 차크라 – 생명의 오각형과 존재의 역오각형, 십륜선인

(1) 화영(火靈)의 수문장 – 육체의 불을 주관함

(2) 파수(破水)의 수문장 – 물을 깨버리는 수문장 (소화기, 음식을 직접 소화하는 수문장, 위와 장)

(3) 묘정기화(妙精氣化)의 수문장 – 소화기에서 소화한 정 에너지를 기로 바꿈 (간과 신장)

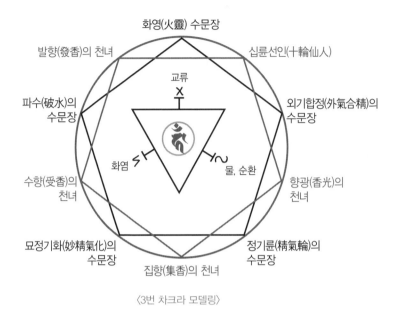

〈3번 차크라 모델링〉

(4) 정기륜(精氣輪)의 수문장 – 정과 기를 순환 시키는 수문장, 순환기, 기맥과 혈맥과 육체 심장을 지배함

(5) 외기합정(外氣合精)의 수문장 – 교류를 통해 얻은 기(氣)를 정으로 합정함, 성행위나 대화나 사회적 교류를 얻은 기를 육체기로 전환시킴

이 5륜 수문장을 생명의 오각형이라 한다.

역오각형은 다음과 같은 기능을 한다.

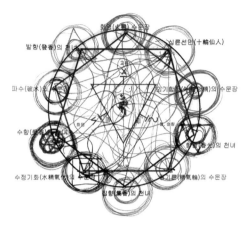

〈3번 차크라 사무처리 명입력〉

(1) 발향(發香)의 천녀 – 자아를 냄새로 비유함, 자아를 드러냄

(2) 수향(受香)의 천녀 – 당겨서 내 것으로 만듦, 자아를 유지하기 위해 가져옴, 대사의 천녀

(3) 집향(集香)의 천녀 – 인지의 틀에 구조화, 향을 모아서 가진다는 의미. 유지의 천녀

(4) 향광(香光)의 천녀 – 향을 빛으로 전환함, 자아를 영으로 전환함, 에고를 영적인 것으로 전환함.

(5) 십륜선인(十輪仙人) – 육체와 자아의 조절자

이를 존재의 역오각형이라 한다. 자아와 관련이 있다. 아래는 3번 차크라의 내륜의 3선인(仙人)을 뜻한다.

(1) 묘천녀(妙天女) - X자는 교류를 뜻한다.

(2) 지화선인(地火仙人) - 번개 표시로 된 것은 강력한 화염을 뜻한다.

(3) 감로정의 대혜선인(甘露精의 大慧仙人) - 물, 순환을 뜻함.

차크라 주재신은 부동명왕. 부동명왕의 종자는 '함'이다.

4번 차크라 - 사랑하고자 사랑받고자 함

〈4번 차크라 모델링〉

6개의 꼭짓점은 플러스 에너지의 프로세스이다.

– 공명의 축은 공감을 할 수 있게 하는 축

– 공감을 하는 축

– 사랑을 받고자 하는 축 수애(受愛)의 축 (에고의 존립)

– 사랑을 베풀고자 하는 축 시애(施愛)의 축

– 정을 드러내는 축 (감정을 배출하는 축)

– 정을 느끼고자 하는 축

공명 – 공감 – 사랑의 순서대로 밀도가 진해지면서 정(精)으로 넘어간다. 정은 비탄, 기쁨, 즐거움과 같은 밀도 짙은 것을 의미한다.

옆으로 누운 형태의 육각형 꼭짓점은 마이너스 음의 축이다. 수동적인 형태의 사랑의 모습이다.

공감희의 축 – 공감을 하는 것에 기뻐하는 축

수감희의 축 – 공감을 받는 것에 기뻐하는 축

수애심의 축 – 사랑을 받고자 하는 축

시애희의 축 – 베푸는 것에 만족을 느끼는 축

촉애의 축 – 사랑에 닿는 것을 느끼고자 하는 축 (밀도가 짙은 감정을 느끼고자 하는 축)

공명모의 축 – 공명을 할 수 있는 어머니 자리, 즉 육체 기반의 통로, 냄새나 음성이나 분위기를 통해 공명을 할 수 있는 통로.

양의 축 6개를 애염육선인(愛染六仙人)

음의 축 6개를 애염육천녀(愛染六天女)라 한다.

각 축마다 2개씩의 촉수가 있다. 애(愛)와 혐(嫌).

24개의 애와 혐의 만다라 – 12분의 애염육선인, 12분의 애염육

천녀로 4번 차크라의 외륜이 구성되어 있다.

아래는 4번 가슴 차크라의 내륜이다.

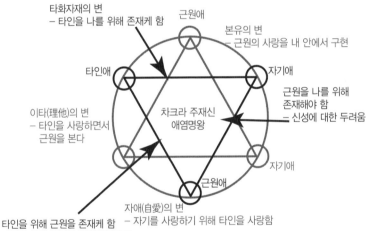

〈4번 차크라 내륜 모델링〉

본유의 정삼각형과 에고의 역삼각형의 구조이다.

정삼각형은 플러스 에너지이다.

자기애의 꼭짓점에서 타인애로 가는 변은 자애의 변. 자기를 사랑하기 위해 타인을 사랑함.

타인애의 꼭짓점에서 근원애로 가는 변은 이타의 변. 타인을 사랑하면서 근원을 보는 것.

근원애의 꼭짓점에서 자기애로 가는 변은 본유의 변. 근원의 사랑을 내 안에서 구현.

역삼각형은 마이너스 에너지이다.

자기애의 꼭짓점에서 타인애로 가는 변은 타인은 나를 위해서 존재한다. 타화자재천의 변.

타인애의 꼭짓점에서 근원애로 가는 변은 타인을 위해 근원을 존재케 한다. 사회구조의 변이다. 내가 집단 속에서 스스로를 잃어버리기 싫어 사회구조를 만드는 것인데, 근원을 사용하여 타인 속의 나를 존립시킨다.

근원애의 꼭짓점에서 자기애로 가는 변은 근원은 나를 위해 존재케 한다. 신성에 대한 두려움. 신성은 그 자체로 그냥 있음이나,

나를 대입하여 신성을 두려운 존재로 만들었음.

차크라 주재신은 애염명왕이다. 애염명왕의 종자는 '훔'이다.

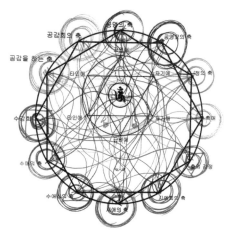

〈4번 차크라 사무처리 명입력〉

5번 차크라 – 삼세를 초월한 표현과 지성

목 차크라는 음성, 발화, 청음의 기능을 가진 외륜과 지성과 관련된 내륜으로 이루어져 있다.

원형 외부의 팔각형의 꼭짓점들은 발화(發話)의 프로세스를 뜻하며, 다른 꼭짓점들은 청음(聽音)의 프로세스이다.

감득이음(感得理音, 이해를 하여 파악함)　발화(發話)　촉풍(觸風, 소리가 닿음)

의(意, 뜻을 발함)　설비구(舌, 鼻, 口)의 조율

이음(理音, 음성을 이해함)　귀(耳, 듣는 것의 하드웨어)

비춤(照 거울鏡으로 image를 비춤)　분절 소리 냄(發)

수음(受音, 소리가 음성으로 인지되어 언어로 체계화)　감풍(感風, 듣는 소리를 느낌)

구획(區, image를 나누고 뜻을 구분, thinking이 됨)　분절 음(音) 구현

수인풍(受認風, 소리가 음성으로 인지)　수풍(受風, 소리를 들어 받아들임)

인지(認知, 소리와 인지를 매칭)

뜻을 발하며(뜻 意), 마음에 이 뜻을 비추어(비출 照, 거울 鏡), 이 뜻을 의미를 구획하여 구분하여 Image가 Thinking이 되며, 이것이 인지와 소리가 매칭되어, 분절음으로 전환되어, 분절음이 소리로 나온다. 이는 허파에서 나오는 바람(風)과 구음기관(혀, 비강, 입)과 조합된다.

이 프로세스는 8보살이며, 플러스 에너지의 모습이다. 촉풍 – 귀에 닿음 – 감풍으로 이어지는 프로세스는 들어서 인지하는 프로세스이다.

촉풍(觸風, 소리가 닿으며), 귀에 의해 닿으며(하드웨어), 감풍(感風,

소리를 덩어리째 인지, 인지의 영역이 아님)이 **되며**, **수풍**(受風, 소리를 받아들임, 언어로 받아들임), **수인풍**(受認風, 소리를 인지하여 언어 체계로 인지함), **수음**(受音, 언어체계로 해석이 되기 시작함, 풍이 음으로 전환), **이음**(理音, 이해의 세계로 들어옴), **감득이음**(感得理音, 언어가 이해가 되며 이해가 지성이 된 단계)이 **된다.**

이 프로세스는 8유가녀이며, 음 마이너스 에너지의 모습이다.

각 꼭짓점마다 3개의 촉수가 있는데, 이는 과거, 현재, 미래의 삼세의 시간 촉수이다.

48륜 삼세촉수도 – 16륜 음율도 – 8륜 지성팔광도이다. 즉 언어는 시간과 구속되어 있으나 오히려 시간을 초월한 것을 의미한다.

아래는 목 차크라 내륜이다.

(1) (양) **탐지의 빛살** (지성의 관통력, 사물을 까발리는 빛살)

(2) (음) **득지의 빛살** (까발려진 대상을 지성의 범주에 가져 옴, 흡인력)

(3) (양) **파훼득지의 빛살** (가져온 대상을 깨부수어 개별로 분석함)

(4) (음) **이해수용의 빛살** (지식을 내재화함)

(5) (양) **조립의 빛살** (지식을 내적으로 구조화함)

순환득지의 빛살(언어 이해의 빛살)

순환지의 빛살
(언어의 빛살)

탐지의 빛살
(까발리는 빛살, 관통력)

수용지의 빛살
(이해의 빛살)

차크라 주재신
공작명왕

득지의 빛살
(당김, 흡입력)

조립의 빛살
(내적으로 구조화하는 빛살)

파훼득지의 빛살
(가져온 지식을 분석)

이해수용의 빛살(지식을 내재화함)

(6) (음) **수용지의 빛살** (이해의 빛살)

(7) (양) **순환지의 빛살** (언어의 빛살, 타인에게 정보를 전하거나, 타인
이 남긴 정보를 언어로 받아들임)

(8) (음) **순환득지의 빛살** (언어 이해의 빛살, 언어로써 타인의 정보를
지식으로 받아들임)

8개의 빛살이 목 차크라 내륜의 8광 내륜.

목 차크라의 주재신은 공작명왕이다. 공작명왕의 종자는 '마'이다.

공작이 날개를 펼친 것을 생각하면 된다.

〈5번 차크라 사무처리 명입력〉

6번 차크라 – 일륜안과 월륜안 그리고 공륜안

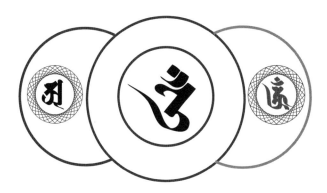

〈6번 차크라 모델링〉

6번 차크라의 구조는 양옆에 두 개의 날개가 있는데, 그 안에 미시 차크라가 더 있다.

왼쪽은 일륜안, 태양의 기운, 플러스 에너지이며, 태장계 만다라를 상징한다.

오른쪽은 월륜안, 달의 기운, 마이너스 에너지이며, 금강계 만다라를 상징한다.

일륜16선인

(1) **명천자** (햇살이 닿아서 밝아짐)

(2) **열뇌천자** (뜨거움)

(3) **폭열천자** (생리적 뜨거움)

(4) **희운일천자** (희끄무리한 햇빛, 해무리의 햇빛)

(5) **암천자** (빛의 반대, 그림자)

(6) **일광천자** (오전 11시의 빛, 백광 그리고 순수)

(7) **일노선인** (오후 2시의 빛, 성숙)

(8) **일휘광선천인** (빛살)

(9) **숙일광녀** (나이를 먹게 하는 빛)

(10) **사양일선** (저무는 햇빛)

(11) **일명일암** (그늘)

(12) **반일휘선** (호수에 비친 해)

(13) **온열일선** (따뜻함)

(14) **마리지광선** (투명한 빛살)

⒂ 공일도법천 (빛살은 없으나 있다.)

⒃ 일양천자 (기르는 양육의 빛)

일륜16천녀

(1) 명일도녀 (明日刀女, 재단하는 자)

(2) 수광휘지녀 (빛을 되돌려 내적인 관찰)

(3) 일풍지녀 (휩쓸어 보는 지혜)

(4) 일상분별지녀 (드러내는 지혜, 분별지)

(5) 폭렬파일지녀 (해를 부수는 천녀, 가를 수 없는 공지(空智)를 뜻함)

(6) 대보광일륜천녀 (빛이 닿는 것까지 모두 공덕장)

(7) 일음천마녀 (해를 비춰도 마는 있음, 번뇌상존마)

(8) 음허일공녀 (해의 공성)

(9) 명일합녀 (만물은 빛에서는 모두 하나)

⑽ 휘일안녀 (輝日眼女, 빛살의 지혜로 보는 관찰지)

⑾ 수광일검녀 (빛을 되돌려 보아 내적인 마를 관통하는 지)

⑿ 탁일지녀 (해를 가려 차분하게 봄)

⒀ 일동천녀 (해의 움직임, 동남북서로 이동하는 지, 순관과 역관)

⒁ 일환화만천녀 (해를 중심으로 공전, 추분과 춘분, 심운영)

⒂ 일지천녀 (日止天女, 태양계의 주, 태양, 움직이지 않음)

⒃ 법일천녀 (대일의 지)

월륜16선인

(1) **백보선인** (흰빛)

(2) **청량월선** (달의 시원함)

(3) **청월선인** (차가운 달빛)

(4) **월부선인** (달의 묵직함, 달의 도끼)

(5) **회월선인** (잿빛의 달)

(6) **탐식월선** (밝음이 잠식되는 변화)

(7) **금륜월선** (금환일식의 힘)

(8) **금월환녀** (금환일식)

(9) **허공월선** (월식)

(10) **환부선인** (달의 모양 변화)

(11) **흑월선** (검은 달, 달의 뒷면)

(12) **묵월보인** (검은 달에 비장된 보물)

(13) **묵월일천** (개기일식)

(14) **묵월휘선** (개기일식 주변의 코로나, 달과 태양의 합쳐진 빛)

(15) **월검천인** (달의 예리함)

(16) **흑월공허선인** (검은 달은 우주와 구분이 안 간다, 끝없는 어둠)

월륜16천녀

(1) 백광도녀 (白光圖女, 심폭도를 제공, 마음의 도화지)

(2) 백휘일선 (달의 예리한 빛으로 내적 관찰)

(3) 청정일섬도녀 (섬세함과 날카로움으로 내적 번뇌를 뚫는다)

(4) 자월선녀 (자비)

(5) 흑월선녀 (내적 무자비함)

(6) 해월파산녀 (내적 분석력)

(7) 월륜법보녀 (내적인 무량한 공덕)

(8) 법천월선 (조각나지 않는 달빛, 공성)

(9) 흑자월선녀 (무자비로 스스로를 보지만 자비로써 수렴)

(10) 희운월천녀 (구름에 낀 달, 번뇌장을 희운으로 여김)

(11) 법운월천녀 (비를 내리면서 월광을 동시에 내뿜음, 자비행과 수행심의 조화)

(12) 교월천녀 (다리를 놓아 달로 간다, 도달할 수 없음이나 계속 가고자 함, 수행 의지)

(13) 월부선녀 (내적 관조의 묵직함)

(14) 미월광산녀 (희미한 빛, 번뇌장을 일으킴)

(15) 본월미산녀 (공성에 연유한 번뇌장)

(16) 경월해운녀 (거울에 비친 달, 바다에 비친 달, 내적 거울, 심경)

월륜16선인, 월륜16선녀

일륜16선인, 일륜16선녀가 각각 월륜안과 일륜안을 생성한다.

중앙의 영안은 0안, 공성의 안이다.

두 개의 날개 안에 있는 월륜, 일륜에 의해 표상되는 그 무엇.

금강계와 태장계의 결합의 자리이다. 참고로 왼쪽의 일륜안은 '아'자 태장계 만다라를 뜻하고, 오른쪽의 월륜안은 '훔' 자 금강계 만다라를 뜻한다.

차크라 주재신은 양두애염

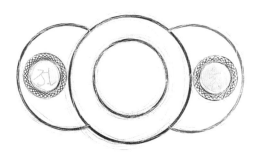

〈6번 차크라 사무처리 명입력〉
– 왼쪽은 일륜안이며 범자 '아' 금색, 오른쪽은 월륜안이며 범자 '훔' 은색이다.

7번 차크라 – 무형의 자리

7번 차크라는 전통적으로 천 개의 연꽃이라고 그 형상이 묘사되어 왔다. 그러나 7번 차크라는 형상을 떠난 자리라서 처리의 기준을 잡을 모델링을 따로 하지 않는다. 금색과 은색과 보라색의 회로로 명입력을 하고 처리 대상 앞에 앉아서 처리 대상의 정수리를 보면서 동작으로 정리해준다.

◆ 선언 사무처리

사무처리는 특정 필터를 걸어 필터에 걸리는 잡스러운 에너지를 정리하는 것을 뜻한다. 이때의 필터는 인체라는 도장을 찍고 그 모양에 걸리는 잡을 뜻하는데, 한 명의 개성체에 걸리는 잡을 정리하는 것이다. 여기에 특정 관념을 구현한 문구를 발언하게 하면서 그에 반응하는 잡스러운 에너지를 정리하는 것을 '선언 사무처리'라고 한다.

선언 사무처리의 장점은 발언하면서 미묘하게 반응하는 잡스러움을 기형으로 잡아 정리하는 것이다. 미묘한 관념의 에너지를 잡아낼 수 있다.

처리법과 실례

처리 받는 이에게 사무처리의 대상인 관념을 문장으로 말하게 한다.

하나의 테마에 부정성과 긍정성의 문장을 나누어 발언하게 한다.

'나는 부유하지 못하다.'
'나는 부유하다.'

이런 문장을 말하게 한 다음, 처리자는 이 발언을 할 때 반응하는 잡을 기형으로 잡아 처리한다.

첫 번째는 '부유하지 못하다.'라고 말할 때의 이 발언에 힘을 실어주는 형태의 에너지를 잡아서 처리한다.

두 번째는 '나는 부유하다.'라고 말할 때의 이 발언에 방해하는 에너지를 기형으로 잡아 처리한다.

즉, 부정성을 강화하는 것과 긍정성에 방해하는 잡을 정리한다. 다른 실례를 소개한다.

'나는 남자 친구와의 관계에서 늘 끊어진다.'

이 주제로 사무처리를 하게 되면, 다음과 같은 두 가지 명제로 나누어진다.

'나는 남자 친구와의 관계가 끊어질 것이 두렵다.'

'나는 남자 친구와의 관계를 지속적으로 이어가고 싶다.'

이 두 가지가 끊어지는 이유이며, 두렵다는 마음이 집착을 불러오고 지속적으로 이어가고 싶다는 소망이 또한 긍정성을 포장한 집착을 가져온다. 이 집착이 끊어져야 관계가 안정화되는 것이다.

첫 번째 명제 '나는 남자 친구와의 관계가 끊어질 것이 두렵다.' 를 발언하게 한다.

이 발언을 할 때 반응하는 에너지장을 기형으로 잡아 처리한다. 마이너스 에너지를 강화하는 에너지를 처리한다.

두 번째 명제 '나는 남자 친구와의 관계를 지속적으로 이어가고 싶다.'를 발언하게 한다.

이 발언을 할 때 반응하는 에너지장을 기형으로 처리한다. 지속적으로 이어가고 싶은 마음에 방해하는 잡을 정리하고, 또 지속적 이어가고 싶다는 집착을 기형으로 잡아서 또 정리한다.

남자 친구와의 관계는 내 마음에 헤어질까 하는 두려움이 없으면서도, 이어지고 싶은 마음이 사그라들 때 평화로운 관계가 되며 진정한 사랑이 지속될 수 있는 것이다.

선언 사무처리는 단순하게 어떤 것을 없애고 싶다로 끝나는 것이 아니다. 정리하고자 하는 것에 부정성을 강화하는 것과 긍정성을 방해하는 것을 정리하며, 정리하고자 하는 것의 이면을 통찰하여 그 부정성을 강화하는 것과 긍정성을 방해하는 것을 정리한다.

부자가 되고 싶다는 것이 아니며, 부자가 되는 것에 대한 저항감과 가난해지는 것에 대한 이끌림, 이 두 개를 정리하고, 부자가 되는 것은 처리 받는 이의 선택에 맡기는 것이다.

◆ 광물계 사무처리

광물계의 힘을 빌려 하는 처리는 사무처리이다. 사무처리를 몸을 씻는 것으로 비유하면 세제의 종류를 달리하는 것을 특수한 사무처리라고 할 수 있다. 샤워젤로도 샤워할 수도 있지만, 소금 입욕제나 허브가 들어가 있는 온천욕과 같이 다양한 입욕제로도 건강 증진 및 미용 향상을 할 수 있는 것이다.

광물계 사무처리는 소금(Salt)이나 게르마늄 온천과 같이 광물계의 파장을 통해 인간의 영혼을 정화하는 기법이다.

광물들이 갖고 있는 파장은 순수하다. 물질계의 가장 정련된 형태로서 규칙적 파장을 내뿜는 것이 광물들의 특징이기 때문에 이를 통해 인간 영혼의 오물들을 세척하고 특정 파장을 심어주는 것이 가능하다.

요새는 원석의 효능에 대해 많이 알려졌는데, 특정 원석을 가까이하면 불면증이나 기혈 순환이나 심리적 트라우마의 정리나 특정 정신적 문제의 해결이 된다는 식으로 홍보가 되고 있다. 빨간색 계열의 원석은 1, 2 차크라의 부조화를 해결하는 데 도움이 된다고 하나, 여기서는 동작을 기반으로 하는 사무처리를 말하기에 특정 원석에 대한 정보는 잠시 접어야 한다.

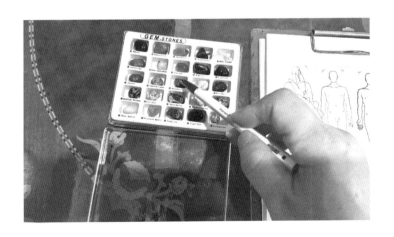

원석이 여러 종류 있는 원석 세트에 볼펜으로 그 사람에게 정리되어야 할 필터가 있는지 동작으로 짚어낸다. 동작으로 짚어낸 원석의 기운을 필터 삼아 처리 받는 이의 기형을 잡아 그 원석의 기운으로 정돈한다.

◆ 귀체 처리

사무처리는 기장을 정돈하는 것이라서 외부의 존재, 즉 빙의나 잡스러운 기운을 정리하는 것은 탁월하다. 바깥에 있는 존재를 정리하는 것은 쉬우나, 의식의 일부에 귀와 같은 존재가 숨겨져 있는 경우 사무처리의 스펙트럼에 감지되기 어려운 것이다.

흔히 귀신이라는 존재에 대해서 귀체, 귀기, 귀문을 가지고 좀 더 깊은 이해를 한 다음 귀와 관련된 처리 방법을 후술한다.

귀체(鬼體): 귀신이라 불리는 존재, 외부에서 오라장에 침범하려는 존재, 외부라는 의미와 개별 존재라는 의미를 강조하여 귀체라고 부른다.

귀기(鬼氣): 귀신의 기운. 귀체는 귀기를 남긴다. 이 귀기를 추적하여 귀문을 보고 귀문에 걸려 있는 귀체를 잡아낸다. 귀기의 흔적이 남아 있는 사람을 에너지장 정돈을 하면서 귀기를 제거한다.

귀문(鬼門): 시간이 귀문이 될 수 있다. 즉 새벽 몇 시부터 몇 시 사이에 고통이 심한 빙의 환자의 경우 이 시간대에 귀문이 형성되고 귀체가 동한다. 특정 조건이 귀문이 될 수도 있다. 여기서는 귀신이 동하기 위한 기운적인 조건 덩어리라고 본다.

귀체는 다음 세 가지로 분류한다.

(1) 접을 목적으로 하는 귀체: 성적인 접촉을 목적으로 하는 귀체

(2) 빙의를 목적으로 하는 귀체: 몸을 강탈하고자 하는 귀체, 아주 드문 케이스이다.

(3) 감수(感受)를 목적으로 하는 귀체: 가장 많은 부류이다. 술을 먹고자 혹은 담배를 하고자 혹은 성적 향락을 하고자 인간의 정신에 일시적 빙의되어 인간이 향락을 취하면 같이 느낀다. 마약, 알코올, 성, 환락에 중독된 존재들이 감수를 목적으로 한 귀체로서 인간에게 깃든다.

현재 의식 아래에 여러 층의 무의식층들이 있는데, 이 층에 정보로 남아 있는 에너지의 조각들이 있다. 혼자서는 활동하지 못하는 귀신의 종자로 보면 된다. 이러한 심종자는 인연을 만나면 개화

되게 된다. 이때의 인연이라는 것은 어느 한 시점에 빙의가 일어날 수 있는 사건이 어느 시간에 예정되어 있다는 것이고, 이러한 프로그램 덩어리를 심종자라고 하는 것이다. 예를 들어 흉가 체험을 하여 빙의가 걸렸다고 할 때, 흉가 체험을 할 수밖에 없었던 심리적 상황 및 외부적 상황의 흐름들은 조건으로서 이미 정해져 있었던 것이고, 이 종자가 인(因)이며, 당사자의 행위는 연(緣)이 되어 빙의라는 과(果)를 겪게 되는 것이다.

이러한 귀와 관련된 무의식에 함장된 심종자는 매우 처리가 어려운 것이라 하겠다.

귀체기생장(鬼體寄生場)

(1) 귀종자: 귀체와 귀기와 귀문과 관련된 정보들, 타이머가 있다. 인생의 어느 시점에 귀문이 동하게 되면 귀체를 끌어들인다. 인생의 어느 시점에 귀체를 만나게 하는 인연을 만든다. 즉 갑자기 흉가 체험을 하고자 마음이 동해 흉가 체험을 하다가 빙의가 걸린 경우, 이 타이머가 작동된 경우로 봐도 무방하다.

(2) 귀체기생장: 에너지장에 기생하는 형태의 귀체.
– 조건이 형성될 때만 영향을 미침
– 오라장에서 평상시에는 안 보임

- 심체에 잠재해 있음

- 의식체의 일부라서 심체에서 발동될 때 간간이 보일 수 있으나, 자아와 일체화되어 움직이는 것이기에 제도가 어렵다.

- 가장 많이 보이는 케이스이다.

- 심체에 잠재해 있어 귀체가 아니니 일반적인 사무처리로 잡을 수 없으며, 다층적으로 귀문 처리, 다층적으로 귀기 처리, 다층적으로 인연의 갈고리 정리 등을 통해 정리할 수 있다.

처리법

외부의 귀 처리법

(1) 문(門)을 그려 귀문을 통해 형상화되는 귀의 존재를 그린다.
-문 사무처리 참조

(2) 귀의 존재가 처리 받는 이의 어디에 영향을 미치는지 기형을 잡는다.

(3) 기형을 묶어 처리하고, 귀문을 파괴하고(이때는 정화가 아니고 파괴한다는 마음으로 정리한다.), 귀의 존재를 파괴한다.

내면의 귀체기생장 처리법

(1) 우리의 마음은 부동(不動)이 그 근본 자리이다. 이 자리에서 의지 아촉여래, 풍요로움 보생여래, 자비의 마음 아미타불, 수행에 대한 마음 불공성취불이 나오는데, 이 자리에 걸리는 것을 방해 파

동을 기형을 잡는다.

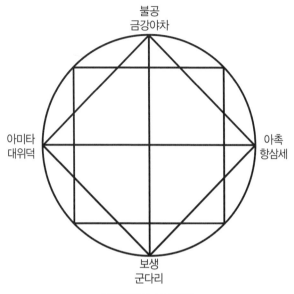

〈귀체기생장 사무처리〉

(2) 먼저 위 도식의 중앙에 처리 받는 이의 본성 부동명왕이 있음을 관하고 볼펜을 댄다. 부동명왕의 불길이 4방으로 퍼져 나가며 처리 받는 이의 의식이 4방위에서 형성되고 안정되어 있음을 관한다. 이후 이 의식체에 걸리는 방해 파동을 귀종자 과거태, 현재태, 미래태를 순차적으로 마음먹으면서 기형을 잡아낸다.

아촉여래 – 항삼세명왕이 감지 및 처리할 수 있는 잡은 저주 및 귀물(鬼物)이다.

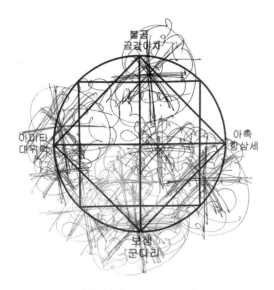

〈귀체기생장 사무처리 실례〉

보생여래 – 군다리명왕이 감지 및 처리할 수 있는 잡은 원한과 집착이 많은 귀이다.

아미타여래 – 대위덕명왕이 감지 및 처리할 수 있는 잡은 사문(死門) 및 명계의 존재, 동물령이다.

불공성취 – 금강야차명왕이 감지 및 처리할 수 있는 잡은 피, 정기, 생기를 흡입하는 흡귀들이다.

(3) 기형을 잡아 기형을 묶고 처리하는 것은 각 방위의 명왕들로 처리한다.

(4) 위 의식 만다라 주변에 문을 그리고 의식에 접근하는 귀의 존재들을 형상화하여 기형으로 그려내 파괴의 힘으로 문을 파괴하고 귀의 존재를 파괴한다.

◆ 정화 사무처리

사무처리는 잡제거라고 불릴 만큼 잡을 정리하는 것에 탁월하다. 제거와 파괴가 에너지체에 묻은 오물을 털어내는 것이라면 정화는 처리 받는 이의 스스로 정화할 수 있는 정화력을 가동시켜 스스로 잡을 밀어내는 것에 가깝다.

정화의 관점에서 사무처리를 하게 되면 처리 받는 이는 잡에 대한 내성을 갖게 된다. 좌공부의 특질은 더러운 것도 그냥 드라이하게 검은색 벽돌로 간주되어 나의 만다라(좌)에 포함시켜 광대무변의 의식 만다라를 구축하는 것이다. 정화의 관점으로 사무처리를 진행할 때 잡은 나의 만다라의 먹이가 되는 것이고 구조체의 벽돌이 되는 것이다.

정화 사무처리의 실례

(1) 기형을 잡는다.

(2) 기형을 묶는다. 여기까지가 일반 사무처리와 동일하다.

(3) 기형에 볼펜을 대고 근원의 뜻대로 하소서라는 기도의 마음으로 있고 처리가 되면 볼펜이 떨어지게 됨을 안다.

혹은 기형에 볼펜을 대고 임병투자개진열재전이라고 구회만다라의 주문을 외우고, 정화 처리가 끝나면 볼펜이 자동으로 떨어짐을 관한다.

(4) 기형에서 볼펜이 떨어지는데, 상대방의 근원이 밀어내는 느낌으로 볼펜이 떨어진다.

◆ 동작 사무처리

사무처리는 동작으로도 진행할 수 있다. 기형을 잡아서 하는 사무처리가 동작에 기반하기 때문에 당연히 볼펜을 잡지 않고서 하는 사무처리도 가능한 것이다.

아래는 전통적 방식으로 하는 동작으로 하는 사무처리에 해당된다.

잡영제거 - 독소제거 - 못제거 - 명독제거

'영잡제거를 어떻게 하지?'라고 스스로에게 되물어보고 동작을 한다.

'독소제거를 어떻게 하지?'라고 스스로에게 되물어보고 동작을 한다.

'못제거를 어떻게 하지?'라고 스스로에게 되물어보고 동작을 한다.

'명독제거를 어떻게 하지?'라고 스스로에게 되물어보고 동작을 한다.

'어떻게 하지?'라는 질문을 통해 처리하는 것은 본연은 본연 스스로 정리하는 법을 알고 있기 때문에 스스로에게 묻는 방식으로 한다. 가장 순수한 형태의 질문이다. '하지 않기 위해 어떻게 하지?'가 아니라 '보다 근원적인 입장에서 어떻게 하지?'라는 문장을 질문하면 좋다. 위의 사례는 '제거'에 초점을 맞추어 있지만, 가령 내가 아플 경우 '내가 아픈데 어떻게 하지?'가 순수하다. '내가 건강해지려면 어떻게 하지?'나 '내가 아프지 않으려면 어떻게 하지?'라고 질문하는 것은 순수한 질문은 아니다.

영잡은 외부의 영적 존재를 뜻한다.

못은 '하지 못한다'의 못과 '못이 박히다'의 못의 의미가 있다.

독소는 육체적인 독소와 정신적인 독소와 영적으로 누적된 독소를 뜻한다.

명독은 명을 이행하면서 쌓이는 잡을 뜻한다. 우리 존재의 삶은 명을 이행하는 삶인데, 이 명을 행하면서 쌓이는 잡을 제거하는 것이다.

동작으로 사무처리하는 방식은 다음과 같이 발전시켜 진행할 수 있다.

후술하는 동작 사무처리에는 이름을 붙이는 특정 행위가 있는데, 이는 이름을 붙이는 행위 자체가 기형을 잡는 것 즉 유형화하여 인지의 세계에 가져다 오는 것이기 때문이다.

(1) 감정을 정리하는 동작 사무처리

- 감정에다 이름을 붙인다.
- 이름을 붙인 것에 '어떻게 하지?'라고 질문하고 동작을 한다.

'제거나 정화를 어떻게 하지?'라는 질문보다 그냥 순수하게 맡겨본다. 아니면 '정화를 어떻게 하지?' 혹은 '제거를 어떻게 하지?'라고 질문을 바꾸어 동작을 해본다. 느낌이 다를 것이다.

(2) 존재를 정리하는 동작 사무처리

- 영적인 존재를 감지할 때 그 존재를 처리하고자 하는 방법으로 이 동작 사무처리를 쓰기도 한다.
- 느껴지는 영적인 존재에 이름을 붙인다. 'ㅇㅇ를 어떻게 정화하지?'라고 스스로에게 묻고 동작에 맡긴다.

(3) 차크라 동작 사무처리

- 왼손에 주먹을 쥐고 7번 차크라 즉 정수리에 왼손을 갖다 대

고 다음과 같이 선언하며 동작을 한다.

영성 차크라의 부정성을 정화합니다. 영성 차크라의 부정성을 하나씩 관하면서 정화하는 동작을 한다. 영성 차크라 즉 정수리 차크라의 부정성은 영성에 침잠하여 삶을 외면하는 것을 뜻한다.

– 왼손에 주먹을 쥐고 6번 차크라(미간)과 5번 차크라(목), 4번 차크라(가슴), 3번 차크라(배), 2번 차크라(배꼽), 1번 차크라(회음)의 순서대로 갖다 대면서 각각 차크라의 부정성을 관하면서 오른손으로는 동작을 한다.

◆ 밀교 응용 사무처리 – 오불가지 사무처리

오불가지 사무처리

사무처리는 당연히 볼펜을 잡은 오른손으로 처리하는 게 맞지만, 왼손을 써서 사무처리의 작용력을 극대화할 수 있다.

사무처리 시 왼손을 주파수 조율을 하는 방식으로 쓰면서 오른손의 펜으로 사무처리한다.

오불가지 사무처리는 왼손을 대일, 아촉, 보생, 아미타, 불공성취불 이렇게 다섯 부처님들의 힘을 왼손에 실어 해당 부처님들의 에너지 주파수에 맞추면서 오른손으로 사무처리를 하는 기법을 말한다.

처리법

(1) 왼손에 다섯 분의 부처님들의 진언과 종자를 관하면서 가지한다.

왼손 엄지에 대일여래, 왼손 검지에 아촉여래, 왼손 중지에 보생여래, 왼손 약지에 아미타불, 왼손 새끼손가락에 불공성취불을 가지한다. 각 여래의 종자와 진언을 관하면서 각각의 손가락에 가지한다.

(2) 손가락을 짚으면서 사무처리한다.

오른손은 펜을 잡고 기형을 잡아 사무처리를 하는데, 이때 왼손 엄지를 세우고 사무처리한다. 이때 대일여래의 빛에 걸리는 잡이 정리되는 것이다. 이때 따로 관을 할 필요가 없다.

왼손 두 번째 손가락 검지는 엄지와 동그란 모양을 취하고 이때 아촉여래의 힘으로 사무처리가 진행된다. 오른손 사무처리는 동일하다. 이하 과정에서도 오른손으로 하는 볼펜 사무처리는 동일하다.

왼손 중지와 엄지를 맞대고 이때 보생여래의 힘으로 사무처리가 진행된다.

왼손 약지와 엄지를 맞대고 이때 아미타불의 힘으로 사무처리가 진행된다.

왼손 새끼손가락과 엄지를 맞대고 이때 금강야차의 힘으로 사무처리가 진행된다.

◆ 기지도 사무처리

한 시작점에서 다른 목표점까지의 기운의 흐름을 그린 다음, 그 목표로 가는 방향에 거슬리는 잡을 유형화하여 처리하는 방식이다.

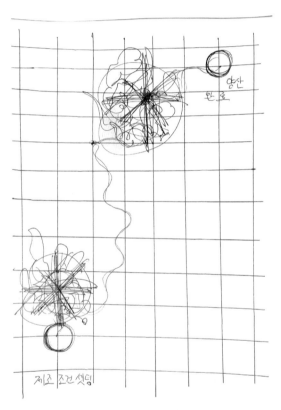

〈기지도 사무처리〉
– 출발점과 목표를 그리고 방해되는 잡을 정화한다.

3장

✳

명입력

1.
명입력의 원리

명입력은 사무처리 즉 좌공부 특유의 정화 기법을 한 후 처리 받는 이에게 16절지 종이 16장을 드리는 것을 말한다. 사무처리로 정화를 하게 되면, 명입력을 받게 되는데, 이 명입력 위에 손을 올려놓아 동작을 하게 된다. 명입력 종이는 수행자의 기장을 명입력과 유사하게 만드는 일종의 영적 숙제이다. 수행자는 동작을 하게 되지만, 무의식은 명입력 종이와 대사를 하게 되어 필요한 정보를 구족하게 된다.

명입력의 기준은 지도 선생님의 관점과 처리 받는 이의 본영의 기준이라는 두 가지 관점을 조화하여야 한다. 본영 자체가 모든 것을 알고 있는 것은 아니기에 지도 선생님의 자극이 필요하며, 명입력은 중요한 지도 방법에 해당된다.

사무처리는 정화의 방법이며, 명입력은 지도의 방법인 것이다.

잡을 처리하는 사무처리와 기장의 변화를 유도하는 명입력의 두 가지가 같이 진행되어야 한다. 세트의 작업이라 보면 된다.

처리 받는 이에게 명입력 종이는 에너지장에 회로의 형태대로 영향을 주기에 초심자의 경우에는 명입력 종이에 그려진 모양에 따라 동작이 나오기도 한다. 8자 형태로 그리면 동작 모양이 8자로 회전하는 형태로 나오기도 한다. 사무처리 및 명입력 절차의 횟수가 많아지면 동작의 모양이 명입력 종이와 일치하지 않게 되니, 명입력 종이대로 동작이 나올 필요가 없다.

명입력은 4장씩으로 총 4회로 진행되어 16장의 종이를 받게 된다.

명입력 종이 4장

– 첫 번째 한 장은 인체 도장을 찍고 그 위에 회로를 그린다.

– 두 번째 장에서부터 네 번째 장까지는 명입력 종이의 회전력을 강화하는 형태의 회로를 그린다. 기운영이 나올 경우 두 번째 종이에 기운영 명을 적는다.

유형안착 4장

– 명입력 종이의 유형적 부분 -인간 육체나 에테르체, 현실적 에너지장의 부분- 을 레이어(Layer)로 분리하여 좀 더 강화하는 회

로 4장을 한다.

- 보통 원형의 회로 4장으로 진행한다.

무형안착 4장

- 명입력 종이의 무형적 부분 -인간의 영적 부분, 모좌의 부분, 유형으로 구현될 수 없는 깊은 미묘한 층- 을 레이어로 분리하여 좀 더 강화하는 회로 4장을 한다.

- 보통 빛살로 표현되는 4장의 종이로 진행한다.

마무리 4장

- 명입력 종이의 기운을 마무리하는 차원에서 점 4개를 연달아 찍는다.

명입력 종이 16장의 형식을 보면 처음 4장이 메인이 되고, 나머지 12장은 처음 4장의 종이를 강화하여 각각 유형적인 부분을 분리하여 4장으로 강화하고, 무형적인 부분을 무형안착 4장으로 강화하고, 기운이 잔잔하게 입력되도록 4장의 마무리까지 함을 알 수 있다.

초심자들은 이렇게 16장으로 하지만, 공부방 지도자의 공력이나 공부방의 스타일을 감안하면 때로는 4장 명입력 종이로 드릴 수 있다.

명입력은 동작으로 하지만, 그 기준은 나의 기준이 아니라 상대의 영성을 기준으로 한다. 나는(처리해주는 이) 상대를 비추는 거울이다. 처리 받는 이가 작은 손거울로 하늘을 비추는 것이라면, 공력이 있는 처리해주는 선임은 보다 큰 거울로 하늘을 비추는 것이다. 즉 사무처리를 하는 이의 공력 수준이 높을수록 보다 넓은 면을 비추는 것이다.

사무처리와 명입력은 수행자의 공부 수준에 맞춰 진행되며, 쓰는 볼펜의 색도 수행자의 공부와 같이 가야 한다. 즉 파란색 볼펜으로 회로를 그리는 사람에게는 사무처리 및 명입력은 파란색 볼펜으로만 하며, 빨간색 볼펜을 쓰는 사람에게는 파란색과 빨간색으로 사무처리와 명입력을 한다.

보통 기운적으로 무난한 파란색으로 사무처리와 명입력을 많이한다.

2。
명입력의 구조를 이해해본다

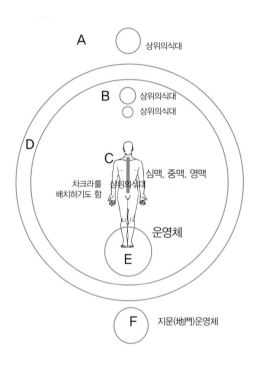

명입력은 다양하게 진행할 수 있다. 이는 공부방의 스타일이며 모두 제각각이라서 평가할 수 없다. 위 모델은 금강연화원에서 진행하는 명입력의 형식이며, 공부방의 회원님들은 이런 방식을 답

습하지 않고 자기 방식대로 명입력을 해야 한다.

형식이 없어야 창의적인 명입력이 나오게 되나, 본서는 일단 기본 구조를 배우는 차원으로 명입력의 구조를 서술했다. 위의 구조를 기반으로 하여 후술하는 명입력의 여러 형태를 보면서 인식의 지평을 넓혔으면 한다.

먼저 위 모델링을 보면 상위의식대를 상징하는 A, B, C 등이 있다. 상위의식대가 하위체를 홀로그램처럼 투사시키는 역할을 하며, 원판이나 설계도로 이해해도 된다. 상위의 흐름이 하위체에 흐름으로 영향을 주는 형태로 명입력을 한다.

C의 부분은 육체의 척추맥인데, 명입력에서는 척추맥뿐만 아니라 심맥(정신체 맥), 중맥(아스트랄과 에테르의 영역을 포함하는 맥), 0코어맥(가장 내밀한 맥) 등으로 표현한다. C의 라인을 따라 차크라를 강조하기도 한다.

E는 운영체이다. 좌공부를 하면서 가장 빨리 생성되는 부분이다. 과거에는 운영체를 기장으로 표현했으나, 금강연화원에서는 운영체는 존재의 일부로 이해하여 발아래에 배치한다. 초심자의 경우에는 운영체 생성이 시급하기에 보통 기장(인체 주변의 원)을 운

영체로 여기고 명입력을 한다.

D는 기장이다. 기장은 한 겹으로 보통 표현하지만 기장을 2겹으로 하여 그 사이에 심맥을 표현하기도 한다.

F는 지문(地門)운영체이다. 지문(地門)이란 기운을 조달하기 위해 수행자들에게 생성되는 강력한 운영체이다. 지기(地氣)나 물질기를 끌어당기기 위해 생성되는 운영체이다. 힘이 부친다는 분에게 지문 운영체를 강조하는 명입력을 드린다.

3。
각 사례로 보는 명입력의 실제

– 사례20선

사례 1

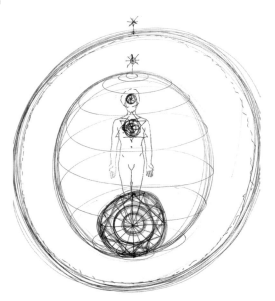

좌를 강화하고, 가슴 에너지를 구조화하는 명입력이다.

사례 2

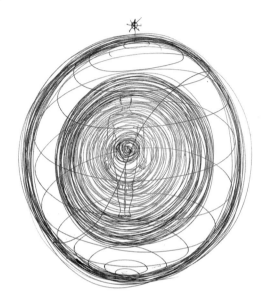

에너지를 충만하게 입력하면서 흐름을 강조한다.

사례 3

　그라운딩을 한다. 지문 운영체를 강조하여 현실 기반을 강하게
서포트한다.

　기장에 회전력을 강하게 한다.

사례 4

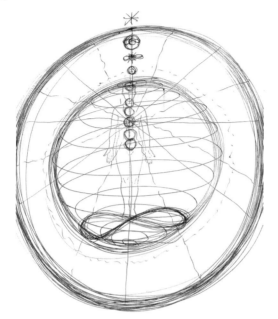

　근원적인 흐름이 직선으로 내려오면서 차크라들을 활성화 시키
고 가슴의 뜻이 이 세상을 향해 뻗어 나간다.

사례 5

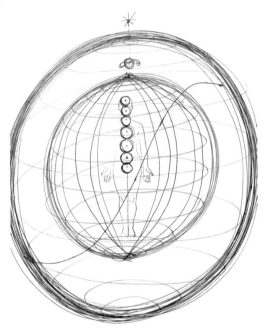

차크라의 흐름을 강화하면서 근원적 흐름이 인도하게 한다. 그
리고 태극처럼 기장이 돌아가면서 흐름 부분을 강화한다.

사례 6

　가슴 복부, 하단의 에너지장을 강화시키면서 근원의 빛이 내려
와 흐름을 강화한다.
　의식장(바깥의 원)의 회전력을 강화한다.

사례 7

충위를 달리하여 흐름을 강화한다. 물질적인 기운과 영적인 기
운의 흐름들을 강화한다.

사례 8

　층위를 달리하여 흐름을 강화한다. 점선으로 표시된 부분(빨간색 볼펜)이 다른 층위의 파동이다. 근원적 파동이 위에서 아래로 떨어지고, 신체 차크라들을 빛화 시키고(점선으로 그린 것), 운영체도 빨간색 점선으로 그려 주파수를 높였다.

사례 9

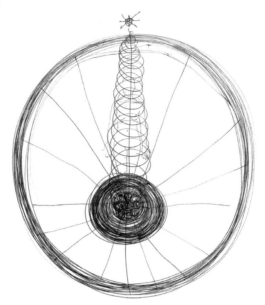

　　흐름의 파동이 코일처럼 인체를 감싸고, 좌 에너지 부분이 활성
화되며 기운이 뻗어 나간다. 현실 부분을 활성화 시킨다.

사례 10

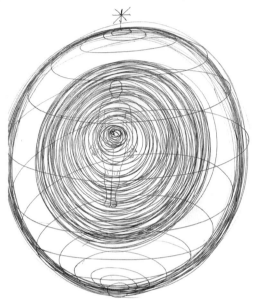

기운을 충만하게 한다.

사례11

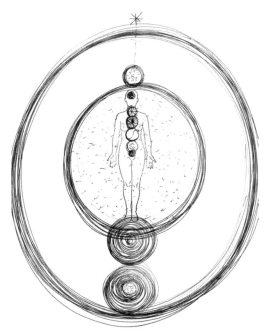

가볍게 명입력하면서 에너지를 섬세하게 입력하였다.

사례 12

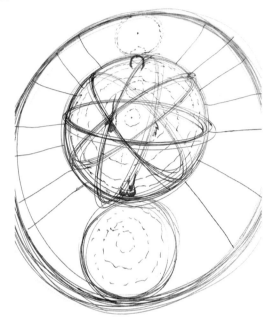

빛화 시키는 명입력이다. 공부가 꽤 진행되어 에너지를 섬세하
게 입력하면서 빛화 시킨다.

사례 13

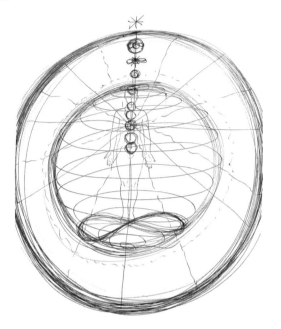

상위 의식대부터 하위 차크라까지 순차적으로 명입력 강화, 가슴
에서 뜻이 사방으로 펼쳐짐, 기장을 빛으로 처리.(내륜의 점선 부분)

사례 14

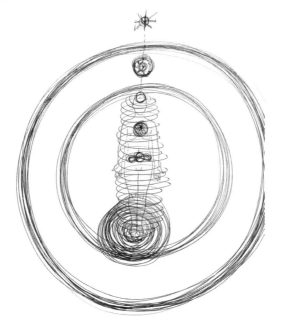

상위 의식을 강화면서 좌 에너지를 강화한다.

의식장(바깥의 원)을 회전력 강화시킨다. 가슴의 눈이 발아래의 심경에 맺힌다. 가슴으로 현실을 본다는 의미이다.

사례 16

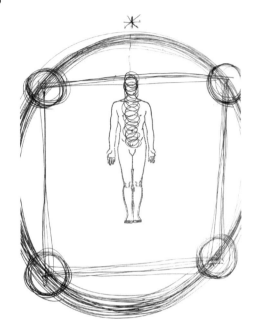

　일반인의 현실장을 강화시킨다. 사각형은 물질성을 뜻하고 현실 기반이라는 의미이니 기장을 사각형으로 입력하였다.

사례 17

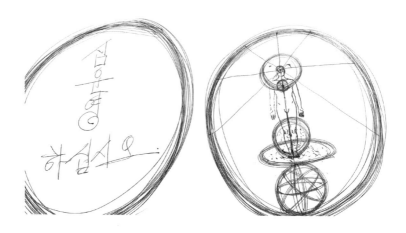

　사무처리 첫째 장은 6번 차크라를 강조하면서 그 시선이 발아래의 심경(점이 깨알같이 찍혀진 원반)에 맺힌다. 무릎 부분에 점이 박혀진 극미세한 심경이 형성되어 있고 원반 아래에 좌 운영체가 있다.
　두 번째 장에는 명입력의 내용을 적기도 한다.

사례 18

극미세한 에너지를 섬세하게 명입력하면서 발의 좌대, 하단전,
상단전의 에너지장에 혈맥(혈관처럼 그린 선)을 넣어 에너지의 섬세
한 운영을 도왔다.

사례 19

　초심자의 경우 좌를 형성시키기 위하여 회전력을 극대화 시키
기도 한다.

사례 20

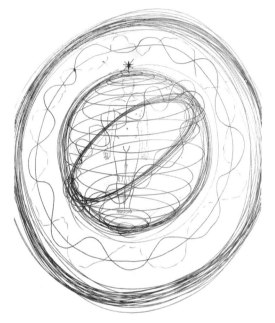

　바깥 원이 의식장 부분인데 2중 나선의 형태로 중맥이 흐른다. 음맥과 양맥이 중앙맥을 흐르는데, 이 부분을 의식장 쪽에다 넣었다.
　몸 주변의 기장은 근원적인 흐름의 인도를 받게 하고 심운영을 하게 하였다.

4장

기운영의 실제

1.
기운영의 원리

동작이 나오게 되면 기운의 흐름이 스스로의 에너지장을 제도 하게 되는데, 이때 특정 기운이 필요할 수 있고, 또 대량의 기운을 충당할 필요가 있을 수 있다. 이때 지도자는 기운영의 명을 드려 기운영을 가게 한다.

기운영은 특정 장소에 가서 동작을 하는 것을 말함인데, 동작이 능숙하고 회로까지 공부가 진행되는 분들은 동작을 하지 않고 다 녀오기만 해도 명을 이행하게 되는 것이다. 좌명을 설정한 분들은 따로 기운영의 명을 받지 않고 본인이 기운영을 가고 싶을 때 외출 이나 휴식 삼아 다녀와도 된다. 그러나 해외 기운영을 간다거나 가 기 힘든 외지의 대찰을 가게 된다면 지도 선생님에게 기운영의 명 을 받아 가는 것이 좋다. 최대한 기운을 조달하기 위해 명을 받아 가는 것이다.

기운영의 '기'라는 것은 무엇인가에 대한 고찰을 해야 한다. 단순한 기운이라고 이해하면 이후에 언급하는 장소에 서려 있는 '풍수기'(풍수상에서 말하는 기운, 자연환경의 기운을 말함)말고도 의미를 활용하는 기운영, 수행기의 기운영은 어렵기 때문이다.

2 。
기운영에서 말하는 기운의 스펙트럼

1) 좌공부에서 말하는 정보는 무엇인가?

이 공부는 동작으로부터 시작한다. 생명은 스스로 완전해지려는 속성으로 에고를 짜서 그 에고를 통해 이 세상에 그물망을 늘어뜨리고 그물망에 걸리는 정보를 통해 스스로 완전해진다. 스스로 완전해지려는 속성이 기운의 흐름을 탄 손짓으로 나오게 되는 것이다. 동작은 모든 설계의 주체인 영혼의 근본 자리에서 나오는 흐름이 손끝으로 표출되는 것이다.

생명은 스스로 완전해지려는 속성으로 에고를 짜서 그 에고를 통해 이 세상에 그물망을 늘어뜨리고, 그물망에 걸리는 정보를 통해 스스로 완전해진다. 여러 남성 편력을 가진 화려한 연애사를 가진 여자 연예인이 있었다. 그녀는 재벌, 가수, 사업가들과 사귀다가 결국에는 자신을 사랑하고, 자신도 사랑하는 합당한 남성을 만나 결혼하게 되었다. 즉 자신의 결핍성을 타인을 통해 충족해나가다가 스스로 완전해지니 결핍으로 사랑을 만나지 않고, 만족한 상태에서 만족의 결과를 낳았다.

결혼에 실패하고 또 실패하고 또 실패한 여배우가 있었다. 그녀는 결핍으로 사랑을 만나고, 결핍의 대가를 받는다.

에너지체 새겨지는 정보의 깊이가 다르다. 에고를 짜서 지상의 체험을 통해 정보를 얻고 에고의 의미가 다해지니 결혼이 유지되는 경우도 있고, 어떤 이는 이혼을 해도 다시 결혼하고 또 이혼하고 또 결혼해도 정보가 새겨지지 않아 또 다른 사랑을 원한다.

즉 에고의 갈고리는 심축에 정보를 공급하는데, 주요한 기제는 성격과 성향이다. 그런데 정보가 영코어에 도달하지 못하는 것이 인생사이다.

한 지역에 거주하는 것도 그 지역의 '정보'가 필요한 것인데, 거기서 먹는 물과 공기와 그 지역에 형성된 기운(거주자의 성향에 반영됨)과 교류하는데, 십 년을 거주해야 얻을 수 있는 정보를 이 좌공부의 기운영과 기대사를 통해 심층적으로 기운을 가져올 수 있다.

흙탕물(정보가 혼재된 물)이 고요히 가라앉아 영혼의 가장 깊은 내밀한 코어까지 도달하는데 생이 다할 경우 가라앉기도 전에 물이 교체되기도 한다. (교체=죽음)

그런데 좌공부를 하는 이의 기운영, 기대사는 깊은 층의 맨바닥의 진흙층이 위로 노출되면서 직접적인 정보를 가져온다.

좌공부에서 말하는 '정보'는 지식이 아니다. 돈을 원하는 것을 탐욕이라고 수행계, 영성계에서는 너무도 쉽게 말하나, 그것이 기제가 되어 직장 생활도 하고 아르바이트를 하나 더 하면서 인간적 체험을 더하고, 이런 것들이 정보를 끌어당기는 원동력인 것이다.

기운영하라고 하는 명을 드리는 것은 본인들의 에너지장에 기운을 가져올 수 있는 '홈'이 생기는 것과 같다. 다른 표현으로 흡입력이 생긴다고 말한다.

기운영 명입력을 받는 것은 소금에 절어진 배추가 양념이 잘 밴 것과 같다.

2) 좌공부에서 말하는 '기'

선도의 영역에서 말하는 기와 좌공부에서 말하는 기는 그 의미가 미묘하게 차이가 있다.

생체기 이외에 이 좌공부에서는 '지명'을 활용한 기대사, '박물관 기운영', '특정 건물' 기운영, 경마장이라든가 차이나타운 같은 의미가 부여된 장소 기운영을 비롯하여 광물과의 대사, 식물계와의 기대사라는 것 등이 있다.

기는 충차를 깊이 하면 생체기 이외에도 감정, 정보 자체도 전부 기운이다. 선도에서의 '단'을 만드는 기운의 영역 스펙트럼은 생체기에 한정되어 있다.

좌공부는 기운을 쌓아서 가는 게 아니며, 미묘한 기운이 각자의 정보체에 작용하여 정보체의 뼈대를 크게 만들고 구조화하는 것이다. '유전자'의 명령으로 '단백질'이 형성되고 단백질로 인해 인체가 구조화되는데, 단백질, 즉 인간으로 드러난 것이 천지만물의 기운이고 이 현상에 흐르는 기운을 운용하고 축기하는 게 선도라면, 이 공부는 현상의 에센스, 정보와 대사하는 것이다. '유전자'에 영향을 미치는 것이다.

3) 정보와 에너지

현상계에서 펼쳐지는 것은 에너지의 세계가 펼쳐지는 것이고, 그 이면의 정보의 뼈대가 있다. 좌공부를 정보체를 완전히 하는 것이라고 설명하지만, 실제로 회로가 각 개인들에게 작용하는 점은 에너지체로 작용하는 경우가 많다.

몸이 다쳤다는 것을 가정한다. 몸은 단백질로 이루어졌는데, 화상을 입거나 칼로 베였다. 회복 중인 새로운 세포는 단백질로 구성되기에 이때는 영양제 잘 먹고, 망가진 단백질 덩어리(고름)를 잘 배출시키고, 다른 이질적 물질이 들어오지 않게 하는 소독의 작업이 필요한 것이다. 이때 치유 기반의 연고를 바른다.

여기까지가 에너지 기반의 세계에서 벌어지는 일이다.

그런데 몸은 다치지 않았지만, 골수에서 유전자가 고장 나서 혈액암이 발병되었다. 이때는 세포를 교정하는 즉 세포의 설계도가 고장 났으니 세포의 설계도를 고치는 유전자 치료제가 들어가는 것이다.

인간의 영혼의 구조체들은 정보 기반으로 되어 있는데, 에너지를 매우 많이 퍼부어야 그중 일부가 정보로 침잠되어(아뢰야식으로 업종자가 침잠) 겨우 수정이 가능한 것이다.

인간 존재의 변화는 이 구조체를 변화시켜야 하는데….

그렇지만 많은 사람들이 에너지적인 문제로 인간은 고통받고 있어야 함을 알아야 한다.

빙의체로 고통받는 이에게 빙의체를 떼어내는 에너지 세션이 필요하면서도 인간 존재의 본질적 변화를 유도하는 정보 기반의 극미세 에너지장인 사무처리−명입력 기반의 작업이 필요한 것이다. 해결은 에너지적 처리로 그리고 변화는 구조의 변화로서 이루어진다.

좌공부의 다수는 이 에너지 기반에 대해 이해할 뿐이지,

좌공부의 에센스. 극의인 정보장에 대한 이해가 현저히 낮다고 보인다.

그리고 좌공부를 기공 형태의 공부, 기운 공부라고도 하는데, 이는 좌공부의 본질적 힘에 대한 일부의 고찰로 나오는 용어이다.

설계도의 세계는 정보의 세계이고,

설계도로 짜인 세계는 에너지의 세계이다.

좌공부는 기운이 회로로 설계되는 것이니, 원래 정보 관점의 공부가 맞지만, 윗대부터 워낙 호풍환우의 능력 위주의 공부로 진행되다 보니 에너지적 공부, 기운 공부로 이해된 것이다.

금강연화원의 시스템은 공여래장과 불공여래장에 대한 고도의 이해, 공성에 대한 이해를 기반으로 명입력이 진행되며, 처음은 가장 급한 에너지적 치유가 진행되지만, 결국에는 정보의 구조체 설계까지 들어가야 하는 부분이 있다. 그러나 개별적인 영혼의 여정상 깊은 단계로 들어가는 분들은 소수인 것이다.

개인적으로 파란색과 빨간색 이외의 색을 잘 안 쓰는 것은 이 볼펜 두 자루가 0과 1의 조합, 음과 양의 조합으로 무한히 많은 확장성을 띌 수 있기에 다른 색은 잘 안 쓴다.

그러나 이것은 정보의 관점이며, 에너지적 관점에서는 여러 색을 쓰는 것이 좋다. (색깔에 대한 기운적 책임은 분명 있다)

3.
지기의 기운영

기운영에서 가장 활용되고 가장 먼저 충당이 되는 기운이다. 흔히 말하는 명당의 기운이나 주변 산세의 기운이나 산과 물의 조합에서 생기는 기운을 말한다. 지기가 좋은 곳은 오랫동안 대도시로서 사람들이 모여 살았거나, 아니면 종교적 건축물이 5백 년 이상 버틴 곳인 경우가 많다. 한국의 경우에는 사찰들이 명당에 있는 경우가 많아 사찰 기운영을 많이 보낸다. 절들이 산세의 혈맥에 위치하였기 때문이다.

지기가 좋은 곳들은 다음과 같은 특징이 있고 이를 기준으로 기운영을 선택한다.

(1) 500년 이상의 나무들이 절 한복판에 있다.

(2) 사찰 창건기에 용이 살았다는 기록들이 있고, 용을 퇴치하여

절을 건립했다는 이야기가 전해져 내려온다. 용이 살았다는 것은 토착 신앙이 지기가 좋은 곳을 먼저 점령했다는 것이고, 용을 퇴치했다는 것은 명당임을 알아본 고승들이 법력이든 아님 후원하는 정치 세력이든 힘을 끌어와 토착세력을 몰아내고 사찰을 건립했다는 말이 된다.

⑶ 절이 불태워졌더라도 계속 절이 재건된 경우가 많다.

⑷ 해외인 경우 오래된 성당이 풍수를 알아보는 신부들이 터를 잡은 경우가 많아 지기가 좋다.

⑸ 오래된 고도(古都)인 경주, 교토, 로마와 같은 곳이나, 갑자기 경제 중심지로 떠오른 곳들이 지기가 나쁘지 않다고 말할 수 있다.

4.
수행기의 기운영

현대의 대가람들은 관광지화가 되어 있다. 그러나 과거에는 수많은 스님들이 기거하면서 참선 및 간경(경을 공부하는 것)과 주력수행(진언이나 다라니를 외움)을 하였다. 기운은 퇴색하면서 닳아지고 희미해지는 것이 아니다. 기운의 의미를 생체기 혹은 자연기로만 이해할 때 닳아지는 기운으로 이해하는 것이다. 기운은 시간과 공간을 초월해 있는 정보의 기운으로 이해할 때 기운영의 대상이 되는 기운이 넓어지는 것이다.

사찰 기운영은 자연기가 충만해 있고, 지기가 충만해 있는 경우가 많으나 보다 중요한 것은 많은 수행자들이 수행한 그 흔적이 남아 있는 '수행기'가 중요하다.

기운영은 기운의 흔적들을 운용하는 것이기에 사찰 기운영의 의미는 같은 수행자로서의 우리가 선배님들이 행한 수행기의 흐름을 타는 것도 의미가 되는 것이다.

5.
영적 기운의 기운영

종교적 의미가 있는 곳인 경우 영적인 존재들이 포진해 있다. 성소(聖所)나 성지(聖地)라 불리는 곳들이다. 카톨릭 좌에서 인정한 성인들의 묘소나 순교지, 카톨릭 좌 체계 내에서 중요한 위치의 성당 예를 들어 명동성당, 불교에서 부처님의 진신사리를 모신 적멸보궁 등이다. 당연히 풍수기가 좋은 곳이기에 성물과 사리를 모셔 놓았으니 풍수기 덕분에라도 기운은 좋겠으나, 실제로 절이나 성당을 가 본 이들은 특유의 성스러움에 감복하는 부분이 있을 것이다.

성스러움의 기운들을 영적인 기운이라 칭해보는데, 이런 기운들을 운용하려면 성스러운 길을 가신 선배님들을 흠앙하며 성인들의 뜻을 기리고 가야 한다. 비종교인이나 타종교인들도 해당 종교의 체계를 기운영하는 순간에서만큼은 받아들이면 좋다.

6.
의미의 기운영

의미로서 기운영을 가는 곳도 있다. 무기력증이 심한 분한테 경마장 기운영을 드리는 게 하나의 예가 되는데, 이는 너무 무기력하니 말이 달리는 모습을 보면서 활력을 느끼라는 의미로 드린 것이다. 특수한 사정에 맞춰서 의미의 기운영을 드리는 게 중요하다.

또 다른 예로는 화폐 박물관 기운영을 하여 돈에 대한 에너지를 운영하게 하거나 월스트리트 증시거래소에서 기운영하여 돈의 유통에 대한 에너지를 운영하게 할 수 있다.

의미로서의 기운영은 인간이 만든 문화적, 사회적 구조물로 확장될 수 있다. 자연을 압축시켜 놓은 동물원과 식물원과 수족관이 그 대표적이라 할 수 있다. 또한 해외 기운영시에는 반드시 자연사박물관과 해당 지역의 역사를 압축시켜 놓은 박물관 기운영을 가야 한다. 시간과 공간을 압축시켜 놓은 박물관이야말로 고도로 농축된 기운을 운용할 수 있는 것이다.

7.
용맥 기운영

강화 석모도 보문사에서 행한 기운영이다. 석모도는 중국에서 한국으로 오는 기운의 맥이 배꼽의 탯줄처럼 흐르는 곳인데, 이 기운을 효율적으로 운용하려고 지하에 거대한 기운의 흐름에 내가 들어가 있음을 관하고 동작을 하여 기운영을 한다. 지기가 충만한 곳으로 직접 의식이 내려가 동작을 하여 기운을 효율적으로 충당하는 것이다. 이를 용맥 기운영이라 한다.

8.
광역 기운영

하나의 지역을 기운영을 하는 것을 말한다. 사찰에 들어가게 되면 대웅전 앞에서 주변의 산세를 쓰윽 보고 전체적인 모습을 보고 산세와 사찰의 기운 교감의 장소에 내가 있음을 인지하고 전체의 기운의 장을 운용한다.

9.
초광역 기운영

도시의 랜드마크 정도 되는 고층 건물에서 도시를 내려다보며 기운을 운영하는 것을 초광역 기운영이라 한다. 도시 전체의 운영을 한다고 여기고 동작을 한다.

10。
심(心)의 기운영

동작을 하지 않고 기도를 하는 마음으로 기운영을 하는 것이다. 혹은 마음을 드리는 기운영을 뜻한다. 동작을 할 수 있으나 기운을 운영하는 것에 초점이 있다기보다는 마음으로 기운영을 하는 것이라 하겠다.

11.
기운대사를 하게 되는 존재들

기운영지를 가게 되면 천연기념물로 지정된 오래된 보호수들을 만나게 된다. 나무들은 해당 지역의 지기와 천기와 수행기를 오랫동안 머금은 존재들이다. 이 존재들과 기운대사를 하면 공부가 크게 증장된다. 이러한 나무들은 영격이 있기 때문에, 기운 체크의 방식으로 기운대사를 해도 되냐고 묻고 기운 대사를 하게 된다. 나무 앞에서 동작을 하면 기운이 저절로 교류가 된다.

성자들의 유품이 있는 기운영지에서는 꼭 성자들의 유품과 기대사를 해야 한다. 고승이 남긴 사리나 서신, 옷가지, 염주가 있다면 기운 대사를 꼭 해야 한다. 진신사리 친견을 할 수 있다면 진신사리와 기대사를 해야 한다. 카톨릭이나 기독교의 성물이 있는 곳에서도 동일하게 경건한 마음으로 기운대사를 해야 한다.

12。
보다 효율적인 기운영을 위한 팁

기운영은 원래 사무처리를 하면서 필요하다고 느껴질 때 드리는 것인데, 금강연화원에서는 공력의 증장, 공부의 깊이가 더 깊어지게 하기 위해 보내기도 한다. 즉 필요성으로 보내는 것과 증장 시키려고 보내는 것은 차이가 있는데, 금강연화원의 주안점은 '증장 시키는' 것에 좀 더 포커스가 있다고 보면 된다.

필요성으로 보내는 것은 기운의 충당이 필요할 때, 기운의 정돈이 필요하다는 것이고, 업이 안 풀린다, 인간관계를 매끄럽게 하기 위해서, 혹은 특정 문제의 해결을 위해서 하는 기운영을 '목적' 기운영이라고 하고, 금강연화원에서는 목적 기운영을 잘 안 드린다.

기운영은 봄, 초여름, 가을에 많이 드리는 편이다.

1) 사찰 기운영, 등산

사찰은 전국의 주요 혈점에 있는 경우가 많아 기운영지로 많이 추천된다. 지기, 수행기, 영적 게이트 등 풍수의 기운과 인간이 모여서 수행한 기운, 불보살의 서원이 응집된 영적인 의미가 사찰이고 그래서 사찰 기운영이 많이 나온다.

TIP

> 경내로 들어가기 전에 지도를 사진 찍어 지도에 볼펜으로 기운의 흐름을 체크한다. 탑과 사찰과의 관계성을 체크한다. 주변 산세와 사찰의 위치를 보고 기운 체크한다.

2) 인간이 만든 구조물, 의미로서 하는 기운영

금강연화원에서는 인공 구조물의 기운영이 많이 나온다.

인천공항: 정보의 유통, 허브, 물류를 상징하는 기운영
식물원, 꽃시장: 식물계 기운영
동물원: 동물 특유의 정보장과 대사하는 기운영
수족관: 바다 생명체들과의 대사하는 기운영
여의도: 여의가 응집된 대한민국의 금융, 언론, 정치의 중심지
박물관: 역사로서의 기운영

거대 쇼핑몰 기운영: 물질기 기운영

3) 특수한 기운영

- 거제도 현대중공업, 대우중공업 견학 기운영
- 한국은행 기운영
- 계량 박물관, 천문대 기운영, 원자시계 있는 곳 기운영
- 경마장 기운영

천주교, 기독교 - 한국에는 성당과 교회가 도심에 있는 경우가 많지만, 해외에 있는 성당과 교회는 주요 혈처에 있는 경우가 많아 풍수적 기운도 운영이 가능하다. 뜻으로서, 하늘의 뜻이 임재한다는 의미로 기운영을 보낸다.

 TIP

① 국립중앙박물관에 가끔 특별전을 하는데, 기회가 있음 이집트나 잉카나 마야, 혹은 시베리아 유목민 스키타이의 전시, 아마존 부족의 전시 등 희귀한 정보장과 대사할 수 있는 기회가 있으니 박물관 기운영 추천한다.

② 천주교 성지의 기운영도 좋다. 그런데 이름도 감안해야 한다.

예를 들어 절두산 기운영의 절두는 목이 잘린다는 뜻이니 기운영지로는 적합하지 않고, 나의 에고의 죽음이라는 강한 결기를 세우고 기운영을 가면 좋다. 분명한 인지를 하고 기운영을 한다는 것이지, 아무 생각 없이 기운영을 가는 게 좋지 않다는 것을 말한다.

③ 그리니치 천문대 기운영 좋다. 모든 시간의 기준점이 되는 영국 그리니치. 기운영으로 좋다.

④ 기운영시 이름 바꿔서 의미를 극대화하시길 바란다.

- 양재 꽃시장 기운영: 양(빛)이 임재한다는 의미(재)
- 순복음교회 기운영: 순수한 법음이 있는 의미. 복을 법으로 바꿔서 기운영 드림
- 법주사 기운영: 법이 머무는 곳 법주를 법의 주인으로 바꿈

중요: 모든 기운영은 각자 공부의 수준에서 대사가 되는 층이 다르다.

즉 앎에 집착하는 이가 기공부를 한다 하면 아는 범주에서 눈에 들어오는 범주 내에서만 대사가 될 것이고, 뜻에 수순한다

는 경지가 되신 분이 대사를 하면 내가 모르더라도 자연이 알려주고 저절로 필요한 게 들어올 것이다.

또한 마트에서 두부를 가져올 수 있고, 무를 가져올 수 있듯이, 각자 에너지장에 필요한 것을 가져오는 것이니, 같은 기운영을 두 번 이상 갈 수 있다.

5장

비품

좌공부를 하면서 특정 물품으로 동작을 하게 되는데, 이를 비품이라 한다. 비품은 원석류와 의미를 가진 형태로 운용한다. 원석류는 그 결정 구조가 기운을 증폭하거나 기운을 담을 수 있기 때문에 비품으로 많이 쓰인다. 형태는 원만한 형태인 원형 구슬을 많이 쓴다. 각형으로 된 비품도 쓰이기도 한다. 그러나 기본형은 원형 구슬로 쓴다.

의미를 가진 비품으로는 금강저와 같이 파사의 뜻이 있는 비품, 악기류와 같이 풍류와 흐름을 상징하는 비품, 활이나 화살과 같이 목적을 향한 집중의 의미가 있는 비품 등이 있다. 기운의 흐름을 고려한 비품보다 의미의 요소가 강한 것을 의미를 가진 비품으로 쓰는 것이다.

1.
구슬 비품

원석으로 원만한 형태의 구형을 고른다. 얼이나 금이 없어야 하는데, 얼이 없는 경우 가격이 매우 올라가기 때문에 동작으로 체크 후 얼이 있거나 금이 있는 것을 사도 된다.

12면체, 32면체와 같은 각형의 입체 원석들은 체크 후 비품으로 삼는다. 운영할 수 있는지가 체크의 기본이 된다.

2.
금강저 비품

오고금강저를 많이 쓴다. 오고금강저는 날이 5개가 모여져 있는 가장 안정적으로 에너지 운용을 할 수 있는 것이기에 기본으로 있어야 한다. 금강저는 번개와 같이 예리하면서 강력한 힘을 상징한다. 수행심이 금강저로 형상화된 것으로 보면 되기에 수행자는 보리심, 수행심을 지키기 위해 금강저는 꼭 비품으로 있어야 한다. 삼고저와 갈마저와 독고저와 구고저 등 여러 개의 금강저들이 있다. 간략히 말하면 삼고저는 끝이 모아져 있지 않고 삼지창으로 벌어져 있기에 공력 소모가 심한 금강저이다. 그러나 매우 강력한 한 방의 힘으로 처리할 때 이 금강저를 쓸 수가 있다. 갈마저는 삼고저가 십자로 교차하여 날이 모두 12개이다. 12연기의 흐름을 법으로 제도하는 것이니 수행자에게 유용한 비품이나 마찬가지로 공력 소모가 매우 극심하다. 독고점은 한 점으로 힘을 방출할 때 쓰는 비품이며, 이 비품의 의미는 예리한 지혜로 번뇌를 자른다는 의미이다.

　오고금강저는 다른 금강저와 달리 안정적이기에 초심자가 운영하기에 알맞다.

3。
특수 비품

활과 화살, 소형 도끼, 소형 검, 악기류, 반지, 목걸이 등이 비품으로 쓰일 수 있는데, 사고를 더 넓혀서 더 많은 종류의 모든 것이 비품으로 쓰일 수 있으니 생각의 폭을 앞에 언급한 내용에 가둬서는 안 된다. 이러한 비품들은 크기 12센티~15센티의 미니멀한 크기가 좋다.

크기가 커지면 비품의 의미를 운영하기보다는 비품 자체의 물질을 운영하기에 버거워지는 것이다. 즉 금강저를 운영할 때 금강저의 금속을 운영하게 되어버린다. 금강저의 형태에 담긴 의미를 운영하는 게 아니라 금강저의 재질을 운영하기에 급급하게 된다. 그렇기에 적당한 크기가 좋고, 악기류도 소형이 좋지만, 어쩔 수 없으면 직접 연주할 수 있는 비품도 좋다.

4.
비품의 밀교적 의미

   사찰을 가보면 관세음보살은 감로수가 담긴 감로병을 들고 있고, 불화에서는 버들잎도 갖고 계시다. 또한 지장보살은 구슬을 쥐고 석장을 들고 있다. 불보살이 들고 있거나 쥐고 있는 물건을 지물(持物)이라 한다. 불보살의 권능이나 원래의 서원을 상징화한 물건들이다. 예를 들어 앞서 말한 관세음보살의 감로병은 감로수로 중생의 번뇌를 끈다는 의미이며, 지장보살의 구슬은 지옥계의 중생들이 힘들 때 어둠을 비추는 야명주의 의미와 고통받는 이에게 필요한 물건을 제공하는 여의주의 의미가 있는 것이다.

   밀교의 지물, 좌공부의 비품과 유사하게 보패라는 것도 있다. 보패는 소설 봉신연의, 만화 봉신연의를 통해 널리 알려진 신선들의 물건인데, 소설 봉신연의에서는 보패라는 물건에 선인(仙人)의 법력이 녹아 있어 보패 없이는 전투가 어렵다는 식으로 묘사되어 있다. 비품의 힘의 측면이 강조된 것이 보패인 것이다.

비품을 밀교에서 쓰는 것처럼 '의미'로 쓰는 것이 맞으며 수행의 도구로 활용하면 된다.

좌공부를 처음 시작할 때는 비품을 명받고 수행하다가 비품 교체의 명을 받기도 하는데, 수행하다가 비품 욕심이 생기는 경우가 있다. 비품은 구슬 한 개, 금강저 한 개, 화살 비품 한 개 이런 식으로 하나씩만 가지며 구슬 비품 2개 등으로 여러 개를 운영할 필요는 없다.

비품이 많아지면 에너지장에 부하가 걸리기 때문에 비품은 구슬은 한 개, 금강저는 한 개, 그 외 특수 비품은 한 개 정도로 갖고 있으면 좋다.

보살과 명왕은 지물을 가지나 여래는 지물을 가지지 않는 것처럼, 공부가 익어지면 비품에 대한 관심이 떨어지게 된다.

6장

특수한 명입력

1.
뇌 사무처리와 뇌 명입력

　뇌 사무처리 및 뇌 명입력은 아주 예외적인 경우로 제한해야 한다. 뇌라는 특정 부위에 직접 들어가는 명입력이라서 간절한 마음은 기본이고, 처리자와 처리 받는 이의 관계성도 고려해야 한다.

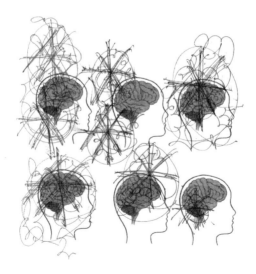

〈뇌 사무처리의 실례〉

뇌 사무처리는 의식이 혼수상태이거나 의식이 육체적 질환이나 신경계 이상으로 정신이 혼미할 때 진행한다. 그리고 특정 생각이 강박관념으로 이어지는 경우나 조현병과 같은 특정한 정신 질환에 한하여 진행한다.

뇌 자체를 조건으로 삼아 잡을 기형으로 유형화하여 처리한다. 명입력은 아래와 같다.

〈뇌 명입력〉

불교에서는 안이비설신의라 하여 인간의 육근(六根, 여섯 가지 감각기관)이 외물(外物)과 부딪혀 정보로 남는다고 한다. 위 예시를 든 이는 자폐적 성향이 있는 영아인데, 외부 정보가 뇌의 처리 프로세스에서 이상한 경로로 진행되어 언어와 인지가 정확히 맺히지 않아 처리한 케이스이다. 육근을 만다라 형태로 펼치는데, 육각형으로 배치한다. 육각형은 물질이 가장 안정화된 도형이기 때문에 육체나 정신을 만다라화할 때는 육각형으로 진행하기도 한다.

　육근청정만다라를 구성화하고 명입력을 진행한다. 파란색의 육각형은 육근(六根) 즉 육체적 기관이며 현상으로 드러난 현재의식, 마인드(Mind)를 뜻한다.

　두번째 내측 육각형은 육경(六境) 즉 외부적 정보가 잠재의식에 가라앉는 단계를 뜻한다. 거꾸로 말하면, 보다 깊은 정신체 즉 불가에서 말하는 아뢰야식이 말라야식(잠재의식)의 원판으로 드러난 것이다. 굳이 말하면 스피릿(Spirit)이다.

　제일 안쪽의 육각형은 육식(六識) 즉 인지의 프로세스를 통해 처리되고 잠재의식까지 내려간 순수한 정보이다. 굳이 말하면 영(soul)을 뜻한다. 거꾸로 말하면 하위 정신체, 육체에 가까운 정신체들의 근원적 원판에 해당된다.

2.
신경계 사무처리 및 명입력

　혼수상태에 있거나 일시적인 의식 상실에 있거나 신경학적 증상이 있을 때에 신경계 사무처리를 하고 특수한 명입력을 진행한다. 의료적 처치는 당연히 아니지만, 수행자가 본인의 공력으로 타인에게 도움을 주고자 할 때 유용한 방법이니 숙지하면 좋다.

　신경계 사무처리는 일반적인 사무처리로 탁기를 정화 시키고, 인체에 머리부터 척추 라인을 긋고 그 의식의 중심축을 방해하는 파동을 유형화시켜서 사무처리 한다. 여기까지는 일반적 사무처리와 맥 사무처리나 뇌 사무처리로 진행하면 되는데, 신경계 사무처리의 특수성은 그 명입력에 있다.

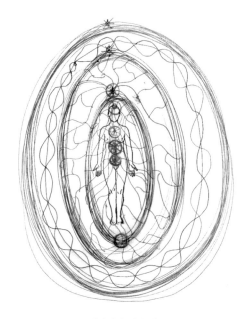

〈신경계 명입력〉

위 명입력의 예는 사고로 인하여 의식을 차리지 못하는 경우이다. 별표 표시가 상위의 의식대이고, 이 의식대에서 혈관처럼 기맥이 퍼져 있고, 상위의식과 하위의식대에서 각각 해당 주파수의 기맥들이 펼쳐지는 것으로 구현되어 있다. 맨 바깥의 기장에는 이중나사선처럼 심맥이 펼쳐져 있다.

3.
혈맥과 기맥 명입력

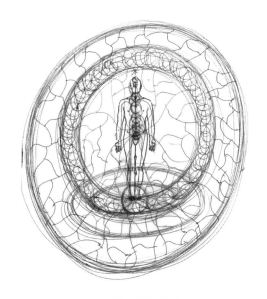

〈혈맥과 기맥 명입력〉

　기혈이 흐르는 맥을 기경팔맥이라 하고, 미세기운이 흐르는 맥을 나디맥이라고도 하는데, 앞서 맥 사무처리에서 소개한 바가 있다. 기맥과 혈맥 명입력은 보통의 맥 사무처리에서 조금 더 나아가

맥의 설계도를 명입력의 형태로 부여하여 한 개인의 카르마에 조금 더 접근하는 바가 있다.

몸이 아픈 사람에게만 예외적으로 해야 한다. 그 이외에 수행자에게 할 때는 다음 조건에 해당될 때 그 효과가 극대화된다.

(1) 선도 수행자
(2) 한의학적 지식이 있는 분
(3) 도가와 깊은 인연이 있는 분
(4) 요가 행자

4。
뇌 사념 정리 사무처리 및 명입력

특정 생각이 이어지는 것은 특정 관념을 매개로 한다. 이 매개 관념들을 자르면 강박증적 생각이 쉬어질 수 있다. 선언 사무처리처럼 특정 관념을 언어로 표현한다.

그때의 감정을 온전히 느끼며
'ㅇㅇㅇ이 그리워서 자꾸 생각이 난다.'
'실적이 올라가지 않아 두렵다. 그 두려움의 원인은 남과의 비교 의식이다. 그것을 정리하고자 한다.'
이런 식으로 언급한다.

ㅇㅇㅇ가 생각이 나는 것은 표층적인 것이고 그 원인은 감정이며, 실적이 올라가지 않아 스트레스받는 것 역시 표층적인 것이고, 그 원인은 내면에 있는 남과의 비교 의식인 것이다. 이렇게 자기를

〈뇌 사념 절단 사무처리〉

어느 정도 볼 수 있는 수준이 되어야 이러한 사무처리가 효과가 있는 것이다.

해당 사무처리는 뇌 모델링 용지나 일반 인체 사무처리 종이에 앞서 언급한 문구를 선언하게 한 다음 그 기형을 잡아 처리하는데, 상징적인 의미로 가위를 쓴다.

기형을 잡고, 가위에 밀교의 힘을 가지한다. 번뇌를 깨는 부동명왕 진언을 외워 가위가 파사(破邪)의 힘(푸르스름한 번개가 흐르는 혹은 뜨거운 불길이 맺힌 가위)이 서린 것으로 변화하는 것으로 관한다.

부동명왕 – 나마 사만타 바즈라남 함 / 집착과 관련된 번뇌
애염명왕 – 타키 훔 자 훔 / 애욕과 관련된 번뇌
항삼세명왕 – 옴 숨바 니숨바 훔 바즈라 훔 파트 / 우매함과 관련된 번뇌

이런 식으로 가지하는 힘을 달리하여 왼손에 잡은 가위로 자르는 시늉을 하면서 오른손으로 사무처리 진행한다.

5。
관계장 사무처리와 명입력

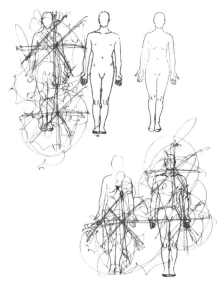

〈관계장 사무처리〉

소울메이트(Soulmate)라는 말이 있다. 육체 관계뿐 아니라 정신
적 교감까지 이루어지는 깊은 층의 영적인 관계인 경우나 관계장
사무처리 및 명입력을 할 때, 보다 더 깊은 영적 상승이 가능할 경

우에 관계장 사무처리 및 명입력을 한다.

　헤어진 연인을 잡으려고 하는 의도로 관계장 명입력을 해서는
안 된다. 깊은 층의 카르마가 엮이기 때문이다.

　인체 도장 두 개를 찍고 방해되는 에너지를 기형으로 잡아 처리
한다.

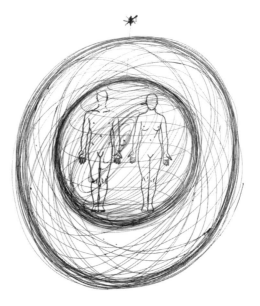

〈관계장 명입력〉

　관계장 명입력이다. 두 사람의 에너지장을 하나로 묶는 형식을
많이 쓴다. 두 사람의 에너지가 1+1=1이 아니라 1+1=2 이상의 시
너지를 창출하는 것이 관계장 사무처리의 목적이다.

6。
시공간 명입력

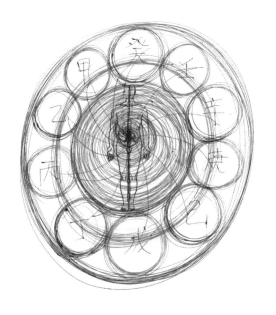

    공부의 수준 자체를 질적으로 올릴 필요가 있을 때 특수 명입력을 진행한다. 시공간 명입력은 시공의 매트릭스를 구성하는 얼개들의 힘을 부여할 때 진행한다. 동양에서는 10천간이며, 다섯 근원의 속성들을 음과 양으로 나눈 10개의 얼개라고 보면 된다. 이

10천간을 명입력의 방식으로 응용하며, 처리 받는 이는 반드시 좌명을 설정한 수행자이어야 하며, 명리에 능통해야 한다. 아니면 이 세계에 대해 깊은 이해를 가진 40대 이상의 성인 남녀에 해당된다.

7장

회로의 실제

1.
볼펜 회로의 색에 대해

회로의 색은 파란색부터 시작한다. 기운 소모가 적기 때문이다.

회로는 에너지를 소화할 수 있는지가 중요하다. 본인의 공력보다 큰 스케일의 회로나 본인의 주파수보다 너무 높은 색을 쓰는 것은 다음과 같은 부작용들이 있다.

너무 큰 스케일의 회로는 기운 충당의 작용이 일어나, 기몸살이나 이상 반응이 올 수 있는데, 이럴 때는 기운영을 보내거나, 기운 충당을 위한 추가 회로를 시키거나, 기운이 달린 회로를 보강시키는 회로를 시킨다. 너무 높은 주파수의 색은 '상기증'이 올 수 있는데, 기공에서의 상기증과 조금 다른 양태로 올 수 있다.

이런 현상은 부작용이 아니라, 오히려 기운 충당을 위한 작용이라서 해가 되는 것들이 아니다.

파란색과 빨간색은 여러 의미를 둬서 처리를 하기에 일률적으로 규정할 수 없다.

초심자가 파란색으로 하는 이유는 기운이 무난하기 때문이다. 추후에 빨간색으로 회로를 시작한다. 주파수가 높고, 에너지를 조금 더 소모한다.

근력 운동을 할 때 역기를 조금씩 증량하는 것은 근육을 만들기 위함인데, 너무 무거운 역기를 한 번에 드는 것은 근육 손상이 심하게 일어난다. 마찬가지로 공부 진도보다 빠르게 다른 색으로 이행함은 문제 소지가 생긴다.

1) 주파수가 높은 것과 공력이 들어가는 무거운 에너지는 다르다

파란색을 공력이 많이 들어가는 무거운 에너지로 쓸 수 있고, 빨간색을 주파수가 높은 에너지로 쓸 수 있다. 그 반대로 쓸 수 있다. 파란색을 주파수가 높은 것으로 설정하거나, 빨간색을 무거운 에너지로 쓸 수 있다.

2) 한 번에 큰 힘을 쓸 때는 본인의 마음으로 정한다

한 번에 크게 쓸 때는 빨간색으로 쓰나, 어차피 동작이니 큰 의미가 없다.

3) 물질적인 것과 영적인 것의 구분

파란색을 물질적인 처리를 할 때, 빨간색은 영적인 처리를 할 때 사무처리로 많이 사용한다.

그러나 파란색으로 귀문(鬼門)을 처리하기도 하고, 조금 더 높은 주파수의 천마(天魔)는 빨간색으로 처리하기도 한다.

지하와 연결되어있는 존재는 파란색으로도 정리하기도 한다.

4) 회로를 할 때의 파란색과 빨간색의 의미에 대해

회로를 할 때의 파란색은 물질적, 빨간색은 영적인 것으로 보거나, 파란색은 마이너스 에너지로 빨간색은 플러스 에너지로 보는 것은 매우 틀렸다.

동작대로 하는 것이며, 이 색은 어떤 의미로 규정함은 회로를 나의 인지의 틀에 가두는 손해 보는 행동이다.

처리할 때는 상황에 맞추어 의미를 활용하나, 수행할 때는 빨간색과 파란색은 단순한 빨강과 파랑으로만 보아야 한다.

하얀색 바둑돌로만 문양을 지을 수 있는가? 검정색 바둑돌이 있고, 하얀색과 검은색이 교차해야 문양이 나오는 것처럼, 빨간색은 플러스도 아니고 양 에너지도 아니고 영 에너지도 아니고, 그저 파란색과 대비되는 에너지이다.

빨강과 파랑 사이에 무수한 에너지 주파수 중 하나를 쓰는 것은 회로 수행 하는 이의 무의식이며, 이에 대한 해석은 현재 의식이 하는 것이다.

5) 다시 원점으로

어차피 의미를 사용하는 것이니, 그럼 초심자도 빨간색으로 시작할 수 있는가에 대해 되물어 볼 수 있다.

수행은 실질이다, 관념이나 이론이 아니다. 중식도로 과일을 깎고, 스테이크 자르는 칼로 생선을 회를 뜨는 것과 같다. 자른다라는 의미는 다 같고, 어디에 쓸 것인지는 지식으로도 알 수 있으나, 실제로 사용하는 것은 차근차근 단계를 밟아간 사람이 제대로 사용할 줄 아는 것이다.

즉 중식도를 다뤄본 사람이 그 의미를 사용할 수 있고, 다른 식도와 대비하여 다른 칼의 의미를 찾을 수 있는 것이다.

2.
바른 회로의 기준

회로 공부가 수십 년이 지나면서 여러 형태의 공부방이 분화되었다. 회로 공부방 역시 좁다면 좁은 영성계, 수행계, 도판과 마찬가지로 같은 인물이 여러 공부방을 거치는 경우가 있고, 지도 선생님들 역시 서로 인연이 얼기설기 엮이어져 있는 경우가 많다. 그러나 똑같은 볼펜 회로라는 동일한 방식으로 수행을 해도 그 결과가 달라지는 것은 공부방 차원의 인식 수준에 따라 결과가 다른 것이다.

무동이 보고, 여러 형태의 정보를 통해 확인하는 바, 바른 회로를 보는 관점은 공부방마다 조금씩 다르고, 여기서는 금강연화원의 기준을 언급한다. 기준이라고 하지만, 개인마다 동일하게 적용될 수 없음을 미리 말한다.

화엄경에 바수밀다녀라는 창녀가 나오는데, 그녀는 화엄경에서 다음과 같이 설한다.

"어떤 중생이 잠깐만 나의 활개 뻗는 것을 보아도 탐욕이 없어지고 보살의 외도를 굴복시키는 삼매를 얻느니라. 어떤 중생이 내가 눈을 깜빡이는 것을 보기만 하여도 탐욕이 없어지고 보살의 부처 경계에 광명삼매를 얻느니라. 어떤 중생이 나를 끌어안으면 탐욕이 없어지고 보살이 모든 중생을 거두어 주고 항상 떠나지 않는 삼매를 얻느니라. 어떤 중생이 나의 입술을 한 번만 맞추면 탐욕이 없어지고 보살이 모든 중생의 복덕을 늘게 하는 삼매를 얻느니라. 이와 같이 무릇 나에게 가까이하는 중생들은 모두 탐욕을 여의는 경계에 머물러 보살의 온갖 지혜가 앞에 나타나는 걸림 없는 해탈에 들어가느니라."

도덕률로는 그릇된 것이라 하지만, 그녀의 진실된 마음은 보살의 서원으로 중생을 대하고 있었던 것이다.

객관적 기준율로는 개인의 진실을 판단할 수 없다. 그러나 공부의 기준에서는 객관적 기준율을 보면서 판단해야 하기 때문에, 이 부분은 매우 힘든 일이다 하겠다.

1) 회로는 대칭적이다

회로는 대칭으로 나와야 하는 관점도 있다. 그러나 대칭되지 않은 회로는 무조건 소각의 대상이 아니라, 그 사람의 심(心), 영(靈)에서 나온 것이냐가 회로의 기준이 되어야 한다.

기준1

바른 회로는 외부 존재의 영향을 받지 않아야 하는 게 제1원칙이다. 그러나 외부 존재의 에너지를 끌어오되 주체적으로 끌어오는 것이면 그것도 허용한다.

기준2

내 영과 심에서 나온 회로라도 그 사람의 정화되지 않은 본성의 일부 영역에서 나온다면 그것은 허용하나(정화되지 않은 회로라도 펼칠 기회는 한 번 이상은 준다. 계속 어긋나면 소각의 명을 드린다), 그 회로가 지나치게 공을 많이 들인 것일 경우, 그 에너지가 다시 회로의 창조자에게 피드백되어 정화되지 않은 길로 계속 인도되는 경우는 소각한다.

기준3

내 영과 심에서 나온 회로이고 정화된 본성에서 나오는 회로일지라도 정체된다고 보여지면, 계속 현재 의식적으로 피드백한다.

'힘을 추구하시는 건가요?', '기술 자제하세요.', '현실적인 힘을 충당하는 게 맞지만, 공부의 목표를 조금 높게 설정해보세요.'라고 말한다.

2) 고층차 수행자는 빨간색과 파란색 이외의 볼펜을 쓴다

개인적으로 파란색과 빨간색 볼펜으로만 수행했지, 금강연화원의 일부 회원들이 쓰는 보라색, 녹색, 주황색의 볼펜은 써보지 않았다. 지도를 하면서 회원들에게 허용한 것이지, 무동에게는 파란색과 빨간색만으로 보라색과 녹색과 주황색의 파장이 구현 가능한 것이다.

파란색과 빨간색은 음과 양의 2진 코드로서 0과 1의 극단의 사이에 수많은 0.X의 개수가 무한대로 펼쳐질 수 있듯이 그 자체로 완전하다.

그리고 무동의 접근은 이 파란색과 빨간색은 정보의 영역으로 극미세 정보장 설계로 인지하고 이에 해당되는 것으로 명입력을 하고 있다.

그 이외에 보라색, 녹색, 주황색, 금색과 은색은 모두 에너지의 세계이다. 즉 정보의 세계가 +전하를 가진 원자핵과 −전하를 가진 전자라면, 에너지의 세계는 원자핵이 여러 개가 얼기설기 엮이어진 형태, 즉 분자의 세계이다.

정보의 세계와 에너지의 세계는 다르며, 에너지의 세계의 전문가들은 '기공사', '물리치료사', '태극권 행자', '쿤달리니 요가행자'들이다.

즉 주황색과 보라색과 녹색과 금색과 은색은 원래 정보장 재설계를 하는 좌공부의 특성상 원래 금강연화원에서 공부 지향과는 조금 떨어진 것으로 보았으나, 마음의 치유나 육체의 건강 쪽에는 에너지적 접근이 필요하기에 인간체 전반적 발달을 위해서 이를 받아들인 것이다.

금강연화원 이외의 공부방에서는 보라색, 주황색, 녹색, 금색, 은색들의 색깔들을 모두 다 같은 라인의 스펙트럼 차이로 보고 있으나, 정보장 설계와 에너지체 설계로 의미를 다르게 보는 것은 금강연화원이 유일하다.

그러나 이 구분법은 절대적인 것이 아니기에 다음과 같은 견해를 가지고서도 회로를 보고 있다.

0과 1의 극단에서 어느 한 지점 0.6의 에너지를 구현할 때 파란색과 빨간색을 비율을 일일이 맞추는 것보다 한 번에 보라색 0.5로 구현하고 0.6의 에너지를 보라색으로 구현할 때 쓸 수 있다는 점이다.

즉 정보장의 회로라 할지라도 보라색이나 녹색과 주황색 등의 여타의 색깔들이 에너지, 정보를 쉽게 표현하게 도와주는 것이다.

색깔을 많이 쓴다고 공부가 많이 진행되는 게 아니고, 역량을 보고서 볼펜의 색에 대해 추가하시라고 말씀드린다.

3.
금강경 사경

    회로 공부가 익어지면 금강경 사경을 하도록 한다. 먹을 동작으로 갈고 그 먹으로 세필로 작은 글자로 금강경을 한지에 써 내린다. 이때 한지는 정사각형 형태의 8절지로 한다. 촘촘하게 쓰는 것이 중요하며, 글자가 틀리더라도 처음부터 쓰는 게 아니라 작은 종이로 틀린 글자 위에 붙이고 그 위에 정정하는 것으로 한다. 이유는 수행은 하는 게 중요하지 정확하게 그리고 공들여서 한다고 하다가 수행심이 꺼지는 것을 방지하기 위함이다. 즉, 절 한 번 하고 한 번 쓰는 정성을 말하는 게 아니라, 내 옆에 있고 자주 할 수 있는 정성을 말하는 것이다.

    금강경 사경은 한자로 하되, 그 효과는 다음과 같다.

    (1) 불교에 인연된 자가 하면 전생 공력이 회복된다.

⑵ 금강경 사경은 공을 직접적으로 말하지 않으나 공에 대한 내용을 담고 있어서 의식을 확장시키는 데 도움이 된다.

⑶ 금강경 사경은 그 원래 이름이 능단금강반야바라밀경이라 하여 능히 금강과 같은 견고한 번뇌를 자르는 지혜를 뜻한다. 즉 밀교 수행의 특유의 파동인 바즈라(Vajra)를 체화할 수 있다.

⑷ 기운적으로 미세한 맥이 섬세한 파동으로 열리게 되는 효과가 있다.

금강경 사경은 효과를 기대하며 하는 게 아니며 정성스러운 마음으로 꾸준히 하는 것이다.

4。
범자 사경

먹을 갈아서 산스크리트 진언을 사경하거나, 밀교의 종자를 사경하는 것을 뜻한다. 범자는 천계의 신들의 문자라고 하여 신성시되었던 글자이다. 이 글자들을 만다라의 제존으로 모신 것이 종자만다라이다. 이러한 종자들을 사경하게 되면 종자가 뜻하는, 그리고 진언이 뜻하는 원래의 파동에 익숙해지게 된다.

5.
좌제도

좌를 설정하게 된 수행자들이 회로, 기운영, 기대사, 먹회로 등을 많이 하여 공부가 익어지게 되면 하나의 매듭을 기운적으로 맺게 되는데, 이때 좌제도를 하게 된다. 회로 한 장이 회사를 구성하는 사원들이라면, 좌제도 한 장은 회사 자체를 뜻한다. 하는 방식은 16절지 일반 회로를 그리면서 하나씩 이어 붙이는 방식이다.

두 장 세 장 이어 붙여도 기운적으로 한 장의 회로처럼 확인될 경우, 해체하여 한 장의 회로로 각각 개별적으로 인정한다. 즉 기운적으로 따로 노는 회로들의 이어붙임이 되면 안 되며, 개별적인 회로이나 통일된 기운을 내야 하는 것이 좌제도의 조건인 것이다. 수행자의 정성된 마음과 지도자의 세심한 체크가 필요하다고 하겠다.

8장

좌설정

1.
좌명 설정의 의미

좌(座)는 자리를 의미하며, 우주에서 내가 하는 역할, 운영되는 나와 연관이 깊다. 좌공부는 영기 공부, 회로 공부, 여의 공부 등으로 불리는데, 공부의 공능이 좌를 정립하는데 일차적으로 투입되기에 이 공부를 좌공부라고도 하는 것이다.

동작과 회로는 내가 자리한 위치를 튼튼히 하게 만든다. 영적인 자리 말이다. 좌가 정립이 되면 어떻게 되는가? 현실이 안정적으로 흐르고 심리적으로도 안정화되는 부분이 있다. 그리고 회로와 동작이 순일해지면서 좀 더 높은 파동으로 진행될 경우, 중맥과 심맥과 같은 미세한 맥이 활성화되며 몸과 영혼의 중간 지점들 즉 차크라와 맥에 고여 있는 카르마 덩어리들이 해소가 되는 것이다. 이는 회전력이 미세층으로 들어가기 때문이다.

더 나아가면 회전력이 의식의 수많은 층들의 에너지의 파편들을 재구성하여 깊은 층에서의 만다라를 구현해낸다.

회로공부가 진행이 되어 좌가 형성되었다고 판단이 되면 좌설정을 하라고 한다. 공부방마다 그 기간이 다르나 공부 시작한 지 최소 8개월 이상은 시간이 지나야 한다.

좌명은 본인들이 설정하여 지도자가 검토 후 승인하게 되는데, 본인들이 살아온 흐름들이 내게 어떠한 테마로 작용했는지 검토하게 된다. 본인들의 지향점을 알 수 있는 것은 살아온 과정이 내게 어떠한 테마로 작용했는지 보고, 이러한 경향성이 미래에도 비슷하게 이어지니 이를 보고 정하라는 것이다. 물론 본인이 되고자 하는 이상적 지향점도 같이 검토하게 된다.

좌명은 두 글자로 정하게 된다. 한번 정한 좌명은 바뀌지 않으며, 공부가 크게 변할 때 달라지게 된다.

2.
좌명의 구조

좌명을 설정하는 기준은 공부방마다 다 다르다. 보통은 근원적인 것을 뜻하는 글자 한 개와 펼치는 뜻을 가진 글자 한 개를 조합하는데, 동작으로 기술을 받아서 설정하기도 한다. 글자 한 개는 지도자 선생님이, 글자 한 개는 수행자가 정해서 조합하기도 한다.

3。
좌명 설정의 유의할 점

    음이 천하게 들릴 경우는 선택하지 않는다. 천(天)은 천(賤)으로, 광(光)은 광(狂)으로, 미(美)는 미(未)로 이해되기 쉽기 때문에 뜻이 좋더라도 음이 나쁘게 들릴 경우 이런 한자는 피해야 한다. 또한, 내가 되고 싶다는 것에 '지향성'이 빠지면 곤란하다. 지향성은 영적인 지향성이어야 하며, 내가 되고 싶다는 것과 별개일 수 있는 것이다. 즉 되고 싶다는 것과 좌명은 별개이며, 영적 지향점이 좌 설정의 주된 포커스인 것이다.

이 책은 실무형의 책으로 의도되어 저술되었다. 좌공부는 여타의 다른 수행법과 마찬가지로 수행을 임하는 마음가짐 즉 심법(心法)이 매우 중요하다. 제도로서 나오는 회로의 기운은 의식을 반영하기에 깊은 의식대의 수행자들은 그 의식을 에너지로 구조화하여 스스로를 제도하는 회로를 그리게 된다. 마음공부가 모든 수행에 있어서 중요하지만, 본서는 좌공부의 심법과 수행을 할 때 가지면 좋은 심법 자체를 서술하지 않았다. 관련 내용은 전작들에 있다.

좌공부는 명상을 하시는 분들께 오해가 많은 비주류의 수행이다. 너무 술법적이라는 비판도 받지만, 공부가 진행될수록 거친 회전력에서 마음의 심종자까지 영향을 미치는 미세한 회전력으로 진행되기에 이 공부는 마음공부까지 진행되는 공부이다. 따라서 명상을 하시는 분들이 좌공부를 만나게 되면 명상이 깊이 안정적으로 흐르게 될 것이라 본다.

본서는 지도자의 신비화, 난해한 공부 이론들, 기운 공부 특유의 부호의 나열들을 최대한 자제하였다. 본서의 내용들은 입문하지 않으면 할 수 없는 것들이라 명시했지만, 좌공부 체계 내에서 행해지는 처리법을 공유함으로써 적어도 모르기에 오해할 수밖에 없는, 속단할 수밖에 없는 것을 방지하려는 의도에서 서술되었다.

본서는 금강연화원에서 행해지는 여러 처리법을 공유했으나, 이는 그 전부가 아니며, 앞으로도 계속 새로운 사무처리 기법과 명입력이 개발되고 진행될 것이다. '중생의 번뇌가 끝이 없으니 보현행 역시 끝이 없으리다'라는 보현보살의 서원처럼, 마음의 미묘한 영역들은 끝없는 사무처리의 진화를 요구하기 때문이다.

악을 끊어내고 선을 증장시키는 것이 성현의 가르침이다. 그 기법이 사무처리와 명입력이며, 그 소중함은 이루 말할 수 없는 것이다. 본서를 통해 모든 성현들의 일관된 가르침, 악을 끊고 선을 증장시키라는 그 명제가 이 물질계에서 실제로 행해지고 있음을 알았으면 한다.

좌공부, 기회로 수행의 스승님들과 무동의 스승님께 다시 감사의 말씀을 드리며 마무리한다.

무동 번뇌를 자르다

무동금강 지음 | 236p | 14,000원 | 맑은샘

밀교 명상의 법

무동금강 지음 | 280p | 17,000원 | 맑은샘

만다라 현현의 법

무동금강 지음 | 244p | 17,000원 | 맑은샘

다차원 우주의 영적 진실

무동금강 지음 | 252p | 17,000원 | 맑은샘

밀교 만다라의 서

무동금강 지음 | 416p | 31,000원 | 맑은샘